Mario Betti

Das Doppelantlitz der Biografie

Mario Betti

Das Doppelantlitz der Biografie

Lebenslauf und Mysterienort

Verlag Freies Geistesleben

Das eingangs zitierte Wort von Novalis ist dem von Florian Roder herausgegebenen Buch *Wunderworte. Mit Novalis durch das Jahr,* erschienen 2000 bzw. 2010 im Verlag Freies Geistesleben, entnommen.

1. Auflage 2020

Verlag Freies Geistesleben
Landhausstraße 82, 70190 Stuttgart
www.geistesleben.com

ISBN 978-3-7725-0134-0

Umschlagmotiv: Batik von Ulrike Betti (Foto: Vogelmann)
Druck: Druckhaus Nomos, Sinzheim
Printed in Germany

Jedes Menschen Geschichte soll eine Bibel sein –
wird eine Bibel sein.

Novalis

Inhalt

1. Das Leben wird vorwärts gelebt und rückwärts begriffen

Dieses Wort des großen dänischen Philosophen Kierkegaard habe ich kürzlich als Motto über der interessanten und bewegenden Biografie von Günther Maria Halmer, Theater-, Fernseh- und Filmschauspieler, gefunden. *Fliegen kann jeder* ist der Haupttitel, und dann folgt: *Ansichten eines Widerborstigen.*[1]

Der vielseitige Halmer, Jahrgang 1943, hat viel durchgemacht: Höhen und Tiefen des Lebens hat er durchmessen, Weiten und Engen unserer komplexen, modernen Zeit hat er genossen und erlitten. Zwei Säulen seiner eigenen und einer jeden Biografie sind ihm während seines unruhigen, ja rastlosen Berufslebens aufgegangen: einmal in Kanada, als Arbeiter in einer in den Bergen einsam gelegenen Asbest-Mine. Er war erst dreiundzwanzigjährig und war wie per Zufall dorthin, im Norden Kanadas, gelandet. Unglücklich über sein Leben und an seinen Unsicherheiten leidend, hoffte er sich zu finden.

Und welcher junge Mensch, früher oder später, macht sich nicht auf diese Suche, wenn ihn der Wein der Zeit nicht zu trunken macht? Denn an Süchten ist unsere Welt gewiss nicht arm. Vielleicht sind alle Süchte sogar ein hilfloser Ausdruck dieser Suche.

Der zweite Winter dort ging bereits ins Land.

Gerne möchte ich jetzt eine längere Passage aus dieser Zeit zitieren, um die erste der vorhin erwähnten Komponenten etwas sichtbar zu machen:

«Einmal wurde ich acht Nächte lang abkommandiert, die Lastwagen, die ihre Felsbrocken in die Halde hinabkippten, zu dirigieren und vor dem Abgrund zu warnen. Eine einsame, eintönige Beschäftigung bei minus fünfunddreißig Grad und eisigem Wind. Etwa jede halbe Stunde tauchte ein beladener Lastwagen auf, fuhr rückwärts an die Bergkante, kippte auf mein Zeichen die Ladung aus und verschwand, Dieselqualm hinterlassend, wieder in die Nacht. Dazwischen nichts als Stille, Kälte, Wind. Manchmal hüpfte ein weißer Schneehase vorbei. Ich hatte viel Zeit zu frieren und über mich und meine Zukunft nachzudenken. Dreiundzwanzig Jahre war ich inzwischen alt, und immer wieder stellte sich mir dieselbe alte Frage: Wie würde es mit meinem Leben weitergehen? Was hatte es mit mir vor? Ich hatte mich hierher, ans Ende der Welt, treiben lassen, doch ich wusste, das war nicht das Ziel. Wohin würde mich mein Weg führen? Gab es irgendwo eine Aufgabe für mich? Gab es irgendwo auf der Welt ein junges Mädchen, das noch gar nicht wusste, dass es mich gab, und das dennoch irgendwann meine Ehefrau werden würde? Wo war sie? In Deutschland oder in Kanada? Als was für einen Mann würde sie mich kennenlernen? Ich hatte keine Ahnung. Diese acht Nächte auf der einsamen Bergspitze waren die kältesten und längsten, aber auch die nachdenklichsten Nächte meines Lebens. Der eisige Wind pfiff gnadenlos, aber ich nahm ihn kaum wahr. Meine Gedanken kreisten immer um dasselbe Thema: Was wird aus mir? Irgendwann wurde mir in diesen schneehellen, eisklaren Nächten bewusst, wo mein Problem lag. Es war nur eine Binsenweisheit, vielleicht banal, aber die wirklich bedeutsamen Dinge erscheinen im Nachhinein oft so überraschend einfach. Tatsächlich muss man sie aber zunächst einmal begreifen, und das ist das Schwierige daran. Mir wurde klar, dass ich die Wahl hatte, dass ich frei entscheiden konnte. Jahrelang hatte ich mich so schmerzlich nach etwas gesehnt und dabei nicht verstanden, dass ich es bereits besaß. Ich begriff plötzlich etwas, was der französische Philosoph Rousseau mit dem Satz zusammenfasste: ‹Der Mensch wird frei geboren und liegt überall in Ketten.› Sobald man das Licht der Welt erblickt, ist man bereits ein Gefangener. Ein Gefangener seiner Herkunft. In diesem Moment beginnt die Programmierung des Ichs. Man übernimmt die Sprache, das Essen, den ästhetischen Geschmack, Kultur, Moral, Religion, Denkweise, Nationalgefühl, Traditionen und Benehmen der Eltern, der Gesellschaft, in die man hineingeboren ist. Durch Kindergarten, Schule, Kirche, Militär, Universität wird man weiter zu einem Menschen geformt, wie ihn sich die Eltern, die Lehrer, die Verwandten, die Freunde und letztlich der Staat wünschen. Entspricht man nicht dieser Erwartung, verhält man sich nicht konform, wird es schwierig. Man bekommt Probleme, so wie ich in all den Jahren vorher. Das war der eigentliche Kern all meiner Schwierigkeiten in meiner Jugend. An mir war gar nichts falsch, wie ich lange gedacht hatte, sondern ich passte nur nicht in die Norm, erfüllte nicht die Erwartungen, die mein Vater, mein Lehrer, die Gesellschaft an mich richteten. Ich weigerte mich, mich in die vorgesehene Programmierung einzufügen, mich anzupassen. Das war das Problem. Und noch etwas begriff ich in den Nächten auf diesem einsamen Berggipfel: Die achtzehn Monate in Kanada hatten diese Programmierungen in mir gelöscht [...] Erst hier, fast am Ende der Welt, hatte ich erkannt, dass es auch andere Lebensplanungen gab, dass man sein Leben auch vollkommen anders leben konnte. Nur in dieser Einsamkeit, unbeeinflusst von anderem Denken, anderen Meinungen, konnte ich zu mir finden. In dieser weiten, unberührten Natur begann ich plötzlich, meine eigene innere Stimme zu hören.

Nur in dieser absoluten Stille der Seele konnte ich diese noch sehr schwache Stimme hören. Ich wusste, hier in Cassiar würde mir keiner mit sogenannter Vernunft meine heimlichen Wünsche zerstören. Die Toleranz und Gleichgültigkeit meiner Arbeitskollegen, diese Konzentration nur auf sich selbst hatten für mich etwas unglaublich Befreiendes. Natürlich würde man in einer Notsituation anderen helfen, aber ansonsten war man nur mit sich und seinem eigenen Leben beschäftigt und ließ dem anderen seine Freiräume, zu tun und zu lassen, was er wollte. So etwas hatte ich bisher noch nie erlebt.»[2]

In völliger Seeleneinsamkeit entdeckt er die Last des Überkommenen, des Tradierten des Immer-so-Gewesenen, und sein Wesenskern, sein tiefer liegendes «Ich», sagt ihm, dass er «die Wahl hatte», dass er «frei entscheiden konnte» und dass er «sein Leben auch vollkommen anders leben konnte». Hier, nur mit sich selber zusammen, fängt er an, seine «eigene innere Stimme zu hören».

Und dieser zunächst «sehr schwachen Stimme» versucht er fortan, wenn auch mit wechselndem Erfolg, die Treue zu halten.

Hier haben wir, sozusagen klassisch, *eine* der drei tragenden Säulen unserer Biografie: eine innere Stimme, die im Lauf des Lebens immer wieder gehört werden kann. Die *zweite* ist das untrügliche Gefühl, dass ich, in welcher Lage ich mich auch befinden mag, immer die freie Wahl habe, mich so oder so dem zu stellen, was das Schicksal einem entgegenbringen mag.

Im Laufe seiner Lebenserzählung merken wir gleich, dass er zunächst kräftig vorwärts lebt, dass sich ihm aber das volle Verständnis vieler Begebenheiten immer wieder entzieht.

Und dann schreibt Halmer, der immer wieder kurze Rückblicke hält:

«In meiner Geschichte ist immer wieder von einem roten Faden die Rede, und manchmal habe ich tatsächlich das Gefühl, dass eine unsichtbare Hand unsere Geschicke lenkt. Vielleicht stimmt das auch, und es gibt keine Zufälle im Leben. Claudia hat mir später gestanden, dass sie schon nach zwei Monaten ihren Eltern geschrieben habe, sie habe ihren künftigen Ehemann gefunden. Nämlich mich [...]

Immer wieder und mit der Zeit immer öfter werden wir beide bei Interviews nach dem Geheimnis unserer Verbindung gefragt. Schauspieler, die so lange verheiratet sind, gelten als ungewöhnliche Exemplare. Was sollen wir darauf antworten? Ist das ein Geheimnis, wenn man den festen Willen hat, trotz mancher Meinungsverschiedenheiten zusammenzubleiben und Vertrauen zueinander zu haben? Das verlangt Respekt, Ehrlichkeit und Verständnis für den anderen. Ob ich allerdings mit mir verheiratet sein wollte, weiß ich nicht. Eine andere Frau hätte mich mit meinem störrischen Charakter und meiner Egomanie vielleicht schon lange in die Wüste geschickt. Es hat doch sehr viel Liebe und Verständnis von Claudia gefordert, mich auszuhalten. Dafür bin ich ihr sehr, sehr dankbar.»[3]

Und hier kommt die *dritte* Säule einer jeden Biografie zum Ausdruck, die, wie auch die ersten beiden, die oben erwähnt wurden, uns im Laufe dieses Buches immer wieder beschäftigen wird: Es gibt einen roten Faden und eine «unsichtbare Hand», die «unsere Geschicke lenkt». Auch von diesem «festen Willen» [...] «trotz mancher Meinungsverschiedenheiten zusammenzubleiben und Vertrauen zueinander zu haben» wird später die Rede sein.

Ja, in der Regel wird das Leben tatsächlich vorwärts gelebt und rückwärts begriffen.

Dass es so ist, hängt mit zwei Grundkräften, Grundelementen unserer Seele zusammen: *Leben und Erinnerung, Wille und Denken.* Gerne möchte ich etwas tiefer darauf eingehen, weil hier eine Grundpolarität unserer Existenz gleichsam an die Oberfläche des Bewusstseins kommt, die uns manches Lebensrätsel klären kann.

Dazu greife ich gerne ein vielsagendes Motiv aus der griechischen Mythologie auf: die Polarität zwischen den Titanensöhnen *Prometheus,* dem Voraussehenden und Voranstürmenden, und dem nach-denkenden *Epimetheus.*

Der Menschenfreund Prometheus brachte den Menschen gegen den Willen des mächtigen Zeus das Feuer, das er von dessen Blitz entwendet hatte: das Feuer, womit Kultur und Zivilisation geschaffen werden können. Und Epimetheus ist im Gegensatz dazu der Rückwärtsgewandte, der aus Vergangenheit und Erinnerung Hoffnung für die Zukunft schöpft. Beide Brüder sind ein treffendes Bild für zwei Seeleneigenschaften des Menschen: *Wille* und *Vorstellung,* so wie sie Rudolf Steiner im Zusammenhang mit der Anthropologie kindlicher Entwicklung dargestellt hat.[4] Der Wille, als unmittelbar tätige Kraft, schafft fortwährend Realitäten mit ihren Folgen für die *Zukunft.* Die «Vorstellung», das Nachdenken, kann nur nachkommen. Es betrachtet und beurteilt vor allem das bereits Vorhandene oder das Gewesene.

In der Herzensmitte – im Gefühl – findet oft eine Auseinandersetzung zwischen diesen beiden Seeleneigenschaften statt, sei es bei Entscheidungen, die zukunftsrelevant sind, wie auch bei Rückblicken, um aus der Vergangenheit zu lernen. Wie beide Tendenzen oft geradezu aufeinanderprallen, kann man sehr gut bei Gruppenprozessen beobachten, bei Kollegien in ihren Konferenzen oder auch bei Parlamentsdebatten. Da sitzen zusammen, in der Regel unversöhnlich, die *Konservativen* gegenüber den *Progressiven,* die *Avantgardisten* mit den *Traditionalisten* oder Ewiggestrigen. Und so weiter.

Eine solche Polarität finden wir auch im natürlichen Spannungsfeld zwischen *Jugend* und *Alter,* zwischen dem aktiven und dem beschaulichen Leben. Oder, anders formuliert, zwischen der *vita activa* und der *vita contemplativa,* wie man es im Mittelalter charakterisiert hätte.

Und so ist es auch in unserer Biografie, selbst wenn es immer wieder – wie in allem Lebendigen – Ausnahmen von der Regel gibt.

Halten wir also Prometheus und Epimetheus als Agens unserer Entwicklung paradigmatisch fest sowie die bereits erwähnten drei Säulen einer Biografie: die *innere Stimme* und die *Freiheit,* sich dem zu stellen, was einem entgegenkommt, und zwar gemäß unserem individuellen Willen. Dadurch kann man nach und nach seinen *roten Faden* entdecken: die dritte Säule.

Es folgt jetzt, wie im Vogelflug angeschaut, eine erste Darstellung allgemeiner Lebensstufen, ergänzt durch Überlegungen und Betrachtungen, so wie sie sich aus der Lebenserfahrung ergeben. In einem weiteren Kapitel werden sie im Sinne der ihnen zugrunde liegenden Gesetzmäßigkeit genauer angeschaut und etwas vertieft.

2. Die Biografie – Naturgesetz und Lebensertrag

Einem Universalgenie der Antike verdanken wir eine treffende Erstbezeichnung des Menschen im Kontext seiner Evolution: Der Mensch ist ein *Zóon politikón*, ein soziales Lebewesen.

So Aristoteles vor über zweitausenddreihundert Jahren.

Als Lebewesen ist der Mensch Entwicklungsgesetzen unterworfen, und als soziales «Zóon» ist er sowohl Ergebnis als auch Gestalter gemeinschaftlicher Prozesse. Nun weisen Lebewesen – am Beispiel der typischen einjährigen Pflanze – ganz bestimmte Entwicklungsabläufe auf, wie Goethe in seiner Darstellung der regelmäßigen Pflanzenmetamorphose gezeigt hat. Auffallend ist der Rhythmus *Evolution – Involution* als Grundprozess allen Wachstums: Die Pflanze entfaltet sich in Raum und Zeit, indem Phasen der Evolution, d.h. der Ausdehnung, Phasen der Involution, der Zusammenziehung, gesetzmäßig folgen. In Letzteren verinnerlicht sozusagen die Pflanze Säfte und Kräfte, um höhere Entwicklungen zu ermöglichen. So wächst das kleine Samenkorn über die runden Keimblätter hinaus bis zur Entfaltung breiter, in sich differenzierter Sprossblätter. Dieser ersten Ausdehnung folgt eine erste Zusammenziehung: die räumlich auf engem Raum aneinanderliegenden Hoch- und Kelchblätter, denen bald eine zweite Ausdehnung in den Kronenblättern – in der Blüte – folgt.

Und so geht es weiter bis zur neuen Samenbildung in der ausgereiften Frucht: Ein erster Zyklus vollendet sich. (S. Abbildung)

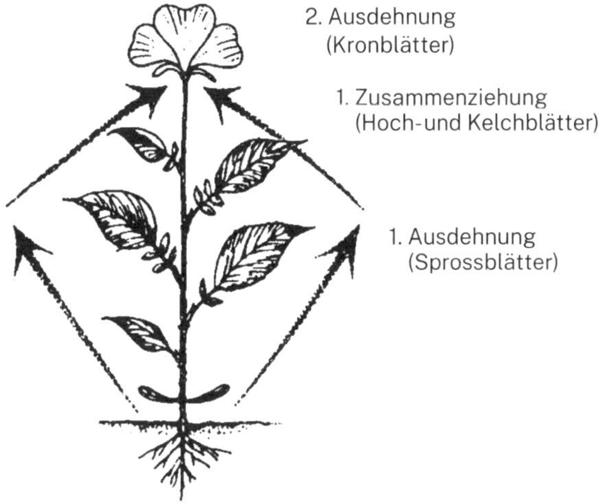

Figur 1

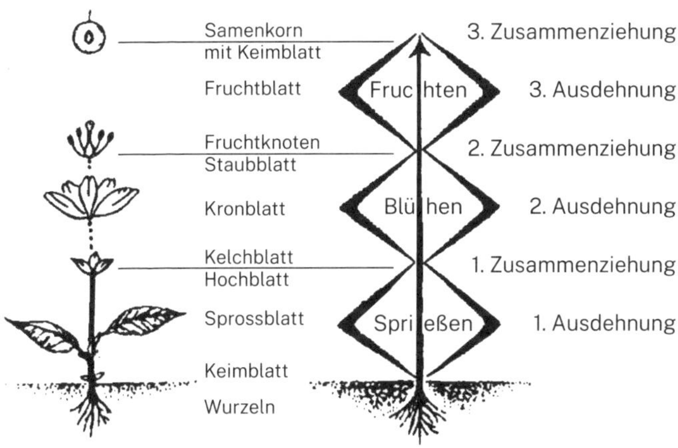

Figur 2

Aus: Walter Bühler, *Die zweifache Abstammung des Menschen – Evolution und Menschwerdung,* Bad Liebenzell 1982.

Wenn sich die Blüte einseitig immer weiter entfalten wollte, würden Pflanzen keine Kraft zur Fruchtbildung mehr haben.

Etwas Ähnliches geschieht im Laufe unseres Lebens, denn es ist auch von vergleichbaren Prozessen mitbestimmt. Nur dass hier für Ausdehnung einfach Wachstum, oder Jugend, steht, und statt Zusammenziehung können wir jetzt das Wort Alter oder Verinnerlichung im eigentlichen Sinne anwenden. Aber: Während es die Natur ist, die in der Regel alles in der Pflanze organisiert und gestaltet, wird der Mensch aufgerufen, seine inneren Reifungsprozesse selber in die Hand zu nehmen. Sein «Ich» ist der Zauberstab, der immer wieder, auch im höheren Alter, neue Einsichten und Perspektiven eröffnen kann.

Wenn wir allerdings unser Augenmerk einseitig auf unsere biologische Befindlichkeit richten – keine Seltenheit heute –, dann können wir, mehr oder weniger verzweifelt, nur versuchen, medikamentös den unvermeidlichen, naturgegebenen Alterungsprozess teilweise aufzuhalten oder sich den Mühlen zweifelhafter Schönheitschirurgie zu überlassen. Dann haben wir aber das Handtuch geworfen.

Frühere Kulturen, aber auch frühere Jahrhunderte hatten eine ganz andere Beziehung zum Alterungsprozess als heute. Man schätzte die Weisheit des Alters über alle Maßen, denn man wusste, dass alte Menschen viel erfahren und dass sie über den Sinn des Lebens viel gedacht hatten. Mochte dieser Sinn darin bestehen, den Willen der Götter zu erforschen und anzuwenden oder das Leben wie ein Jammertal anzusehen, das einem hilft, seine Sünden zu erkennen und zu bereuen. Aber auch heute geht es im Leben darum, den tieferen Sinn unserer Existenz im Kosmos im Allgemeinen zu ergründen und im Besonderen den Sinn unserer individuellen Existenz im gesellschaftlichen Zusammenhang zu entdecken.

Was also das Soziale im weitesten Sinn anbelangt oder auch die biografisch relevante Anpassung an die soziale Umwelt, stellt man fest, dass wir etwa in den ersten drei Jahrsiebten von unserer Umwelt schicksalhaft geprägt werden: durch Sprache, Umgangsformen, Religionsgemeinschaft und anderes mehr. Das ist die eigentliche Anpassungsphase, die selbstverständlich kürzer oder länger sein kann. Denn jedes Individuum ist gewissermaßen eine Ausnahme von der Regel. Ja, es macht eigentlich jede Biografie zum Rätsel.

Danach folgt die ersehnte Selbstentfaltung des Individuums, das aber heißt das Ringen um Entfaltungsfreiheit, frei von familiären oder gesellschaftlichen Vorgaben, die mehr oder weniger zwangsweise einem unter Umständen weiterhin aufoktroyiert werden.

Vorhin war ja die Rede von der *inneren Stimme* und von der *Freiheit* als zwei Säulen der biografischen Ausreifung. Es kam dann die dritte dazu, der *rote Faden,* wie ihn Günther Maria Halmer nennt. Das ist die Suche nach dem Potenzial, das in jedem von uns ruht, wie es einmal Rudolf Steiner in seiner *Philosophie der Freiheit* klassisch dargestellt hat: «Jedes Wesen hat seinen eingeborenen Begriff (das Gesetz seines Seins und Wirkens).»[5]

Obwohl wir körperlich, seelisch und kulturell von unserer Umgebung geprägt werden, dürfen wir nicht vergessen, dass sich bereits in den ersten Lebenswochen ein *Individuum* zum Ausdruck bringt. Dieser fundamentale Sachverhalt wird auch durch die neuere Säuglingsforschung bestätigt.

Das zeigt sich schon in den frühen Formen des *Nachahmens,* als eine erste Stufe familiärer und gesellschaftlicher Prägung. Diese erste Periode der Anpassung verläuft bereits äußerst individuell. Der «Umgangsstil» eines Kindes, den wir täglich aufs Neue entdecken, rührt nicht vom Erbgut her. Das Erbgut liefert im Grunde genommen lediglich eine Art Rohstoff zur weiteren Bearbeitung. Individuelle Nachahmung hingegen ist zunächst eine Willensbetätigung, die wiederum auf den noch zarten, unfertigen Körperbau verändernd, ja plastizierend zurückwirkt.

Der auch in der Anthropologie verwendete Terminus «Neotenie», d.h. die Unreife des Gehirns bei Neugeborenen, weist beispielsweise auf die Notwendigkeit weiterer Ausformung bestimmter Gehirnsysteme hin. Und das geschieht durch aktive Wahrnehmung der Außenwelt. Beim gesunden Kind treten Wahrnehmen und Nachahmen, wenn auch unterschiedlich intensiv, immer zusammen auf. Wer mit Kindern zu tun hat, braucht hier nicht auf Ergebnisse der Hirnforschung zu warten, um hier Sicherheit des Urteils zu gewinnen.

Ein kleines, aber lehrreiches Beispiel aus der Kindheit meiner ältesten Tochter: Einmal – sie war erst drei Jahre alt – war sie mit ihrer Puppe nicht zufrieden. Es war die Zeit, in der ich Teile von Goethes *Faust* in einem Kurs behandelte und worüber ich mich auch mit meiner Frau zu Hause unterhalten hatte. Plötzlich gibt die Kleine ihrem Wägelchen einen kräftigen Ruck und sagt, ganz empört: «Kannst du nicht den Augenblick genießen?!» – Als ob die Puppe und nicht Faust den berühmten Pakt mit dem Teufel geschlossen hätte. Nun, ich habe mir das Meinige gedacht ...

Dieser ersten Zeit einer eher körperlich-sinnlich orientierten Nachahmung folgt die Periode der mehr seelisch-innerlich orientierten Nachahmung, die man auch eine Phase des *Nach-Eiferns* nennen könnte, weil man im Grunde genommen eine Autorität sucht und eine gewisse Führung braucht.

Durch eine lebhafte Fantasie werden, mehr oder weniger

bewusst, innere Vorbilder aufgebaut. Es ist allerdings erstaunlich, welche Zeitgenossen oft als Vorbilder ausgesucht werden. Und dennoch bedeutet das nur ein inneres Tasten nach dem Eigentlichen, das sich in einem selber manifestieren möchte.

Ideale von Schönheit und Stärke, von Können und Dürfen, von Freiheit und Liebe bilden sich oft unmerklich, aber stetig: Wir haben es ja bei dieser Entwicklung mit Phasen des Erwachens, des Aus-Wickelns bereits vorhandener Anlagen zu tun, die sich immer mehr zu einer Einheit integrieren.

Das Leben ist immer ein Ganzes.

Eine weitere Phase, die sich bereits in der Pubertät und in der Adoleszenz meldet und etwa bis zum 21. Lebensjahr dauert, könnte man eine Periode des *Nach-Denkens* nennen. So, wie nachweislich in etwa den ersten sieben Jahren physisch nachgeahmt wird und dann später seelisch, kommt jetzt eine nicht minder intensive Zeit geistiger «Nachahmung». Gedanken der mehr oder weniger Großen aus Geschichte und Gegenwart werden einerseits kräftig nachgedacht und mit eigenen, oft bemerkenswerten Kommentaren versehen. Das eigene Denkvermögen wird dadurch geschult und mit der Umwelt sozusagen abgestimmt. Man diskutiert oft und gerne – soweit Smartphones nicht allzu stark im Spiel sind – und setzt sich in der Regel zunächst von der Meinung der Älteren ab. Es sei denn, der Jugend wird kein freies Denken ermöglicht und es wird am «Ich» vorbei erzogen. Aus diesen Tatsachen ergibt sich die Notwendigkeit, soweit es sich verwirklichen lässt, den Kindern und Jugendlichen ein nachahmenswertes, nacheifernswürdiges und nachdenkensintensives Milieu zu schaffen.

Also baut sich der werdende Mensch in den verschiedenen Phasen der Anpassung und Abstimmung sein individuelles

Leibes- und Seelen-Instrument, um dann seine ureigene Schicksalsmelodie zu spielen. Dass diese biografierelevante Zeit durch Katastrophen, Krankheiten und Unfälle schwer beeinträchtigt werden kann, liegt natürlich auf der Hand. Aber auch im Falle einer «normalen» Entwicklung gibt es viele Variationen in Bezug auf die Hindernisse, die uns begegnen können. Ich werde in einem späteren Kapitel näher darauf eingehen. Alles hat freilich auch Übergänge und alle Entwicklungsrhythmen sind selbstverständlich sehr individuell.

Aber: Wann ist man «reif» oder «erwachsen» im eigentlichen Sinn des Wortes – mit 18 oder mit 21 wie früher, oder gar später? Die Antwort, die das Leben selber gibt, ist eindeutig: Ein Mensch ist erst dann reif und erwachsen, wenn er bereit ist, aus eigener Einsicht die volle Verantwortung für sein Leben und Handeln zu übernehmen, selbst wenn er mit Hindernissen zu kämpfen hat.

Für den heranwachsenden Menschen wird das Leben zunehmend spannender: Die Zwanzigerjahre beginnen, in deren Verlauf er sich in der Regel mehr und mehr in die Welt außerhalb der Familie hineinlebt. Abgesehen von Ausnahmen – das Leben ist keine Einbahnstraße – sind es jetzt Jahre der Ausbildung, des Studiums, der beruflichen Entwicklung, der intensiven Partnerschaften und der Familiengründung. Es sind aber auch Jahre der Wohngemeinschaften, der langen Diskussionsabende, der Reisen, der Ideale, der Hoffnungen und Enttäuschungen, ja auch Jahre der Exzesse.

Psychologisch gesehen entwickelt sich etwa zwischen 21 und 28 ein bestimmtes Glied unserer Seele, eine bestimmte Funktion: die *Empfindungsseele.*[6] Es ist die Zeit, die von Forschern auch die vitale oder expansive Phase genannt wird. Denn gerade das Vitale, Spontane, das Vorausstürmend-Idealistische, das

Prometheische charakterisiert diese bunte und abwechslungsreiche Lebenszeit. In der anthroposophisch orientierten Geisteswissenschaft und Anthropologie stellt sich dieser Sachverhalt so dar, dass unser «Ich», das in sich «das Gesetz seines Seins und Wirkens hat», in diesen Jahren den eigenen Leib und die Welt ganz ergreifen möchte. Zunächst ist ja die Sphäre all unserer Sinne schicksalsgestaltend. Die ganze sinnenfällige Welt um uns zieht uns magisch an. Alles wollen wir sehen, hören und mitmachen: Dabei sein ist alles, sagt die Empfindungsseele. Wie intensiv können uns in dieser Zeit ein Sonnenuntergang, ein Kunstwerk, ein Mensch oder auch ein Auto begeistern! Alles, was gefühlsmäßig-sinnlich erfahrbar ist – spontan, unmittelbar –, ist jetzt Stoff eigener Lebensgestaltung; Amor trägt in dieser Zeit, je nach Veranlagung, besonders viele Pfeile in seinem Köcher.

Verstandeserwägungen oder kühle Distanz führen uns hier selten durchs Leben weiter. Schicksalsmäßig gesehen ist es so, wie wenn wir ein Pferd reiten würden, das besser als der Reiter weiß, wo unser Weg und unsere Lebensaufgaben liegen, wenn nicht familiärer Druck, Sippenzwang oder gesellschaftliche Konvention es auf bereits bekannte Pfade zwingen. Denn es geht um den roten Faden unserer Biografie. Es ist schon eine tiefe Wahrheit, die Friedrich Rückert in seinem Gedicht zum Ausdruck bringt:

> «Vor jedem steht ein Bild des, das er werden soll;
> Solang er das nicht ist, ist nicht sein Friede voll.»

Wie schaffen wir es aber, dieses «Bild» zu finden? Das Pferd steht hier für die eigene Intuition, die, gepaart mit einer ehrlichen Bestandsaufnahme und Beurteilung der eigenen Leistungen, bei der Beantwortung dieser Frage sehr weit führen kann. Auch wenn die Antwort erst «rückwärts» gefunden wird.

Also: extrovertierte Empfindungsseele auf der einen Seite und inneres Suchen nach der eigenen Intuition – nach der «inneren Stimme» – auf der anderen. Ein Spagat, der recht dramatisch erlebt werden kann, denn eine zentrale Frage ist auch: Ist die Gesellschaft bereit, die Ideale aufzugreifen, die jede neue Generation mit sich bringt und auch verwirklichen möchte? Bei vielen Erneuerungsimpulsen, welche die Jugend im Laufe des 20. Jahrhunderts bewegt hat, konnte man erleben, wie sie entweder irregeleitet wurden oder wie sie an den Betonmauern des Establishments zerschellten. Andererseits, von der Beatgeneration der frühen Fünfzigerjahre an bis heute betreiben junge Menschen eine beispiellose Selbstzerstörung an Leib und Seele durch Alkohol und Rauschdrogen und seit relativ kurzer Zeit auch durch erhöhten Medienkonsum. Aus Frust und Resignation? Sind nur die älteren Generationen daran schuld? Aber auch Neues entsteht. Ein durchaus positives Signal sind beispielsweise unter anderem die weltweite Bewegung *Fridays for Future* oder die Zivilgesellschaft. Stehen wir vielleicht am Anfang neuer, zivilisations- und kulturfördernder Bewegungen, welche Jugendkräfte in eine heilsame Richtung positionieren können?

Gewiss, die Spannung zwischen Ideal und Wirklichkeit ist gerade im Zenit, weil man noch nicht direkt in das Räderwerk der Zivilisation eingreifen kann. Aber später, wenn die jüngeren Generationen Mütter, Väter, Arbeiter, Angestellte, Freiberufler oder gar Politiker geworden sind: Wie steht es dann mit den eigenen Idealen? Wollen wir sie noch oder werden sie verdrängt? Das ist die eigentliche Jugendfrage, die zur Altersfrage werden kann.

Ein großer Schritt wäre jedenfalls schon getan, wenn wir

als Eltern, Lehrer, Arbeitgeber und sonstige Menschen an den Hebeln der Macht auf eine den Erfordernissen der Empfindungsseele gemäße Vielschichtigkeit in der Ausbildung Rücksicht nehmen würden. Das würde uns und den jungen Menschen helfen, etwas von den Impulsen wahrzunehmen, die in den Zwanzigerjahren, aber auch darüber hinaus, auf dem Grund der Seele ruhen. Denn wir alle tragen, aus vorgeburtlichen Welten kommend, Erneuerungsimpulse für alle Gebiete des Lebens in uns: für eine Zivilisation, die in Gefahr ist, wie ein gestrandeter Wal an der eigenen Schwere zugrunde zu gehen. Nicht «Jugendwahn» für spätere Jahrzehnte ist also angesagt, sondern echte Jugendkraft, die, einmal entfaltet und später verinnerlicht, uns durchs ganze Leben und zu echten Fortschritten führen kann, nicht zuletzt zu realistischer Verwirklichung unserer Ideale.

Ganz am Anfang hatte ich darauf hingewiesen, dass Entwicklungsprozesse in der Pflanzenwelt sich auch in der menschlichen Seele widerspiegeln. Gemeint war der Rhythmus Evolution – Involution als Grundprozess allen Wachstums zu Blüte und Frucht hin. Die Pflanze entfaltet sich in Raum und Zeit, indem auf Phasen der Ausdehnung Phasen der Zusammenziehung folgen. Beim Menschen ist ja dieser Pendelschlag auf seelisch-geistiger Ebene zu finden. Somit wäre die innere Aufgabe der Dreißigerjahre bereits umrissen: den natürlichen Elan der vergangenen Jahre zunehmend zu verinnerlichen, um diese Spannkraft dann, über die Vierzigerjahre hindurch und hinaus, in Eigenbesitz zu verwandeln. Es geht um die Bildung eines Innenraums, der uns vermehrt die Kraft verleiht, Selbstgestalter unseres Schicksals zu werden.

Hier zwei Beispiele aus dem Leben Goethes und der Popsängerin Taylor Swift, die uns auf diesen biografischen Entwicklungssprung aufmerksam machen. Zunächst zwei Briefstellen des jungen Goethe. Die erste – er war 23 Jahre alt – charakterisiert treffend eine Seite der Empfindungsseele, während die zweite, neun Jahre später, die Grundtendenz einer neuen Lebensphase veranschaulicht:[7] «Gestern nachts geschwärmt, heute früh von Projekten aus dem Bett gepeitscht. Oh, es sieht in meinem Kopf aus wie in meiner Stube, ich kann nicht einmal ein Stückchen Papier finden als dieses blaue. Doch alles Papier ist gut, um Ihnen zu sagen, dass ich Sie liebe.» Und dann: «Halte künftig meine Briefe in Ordnung und lass sie lieber heften, wie ich mit den Deinigen auch tun werde, denn die Zeit vergeht und das wenige, was uns übrig bleibt, wollen wir durch Ordnung, Bestimmtheit und Gewissheit in sich selber vermehren.» Das spricht wirklich Bände!

Und über Taylor Swift lernen wir in Bezug auf ihr Album *Lover,* das Autobiografisches schildert: «... Tatsächlich erzählt die Platte aber vor allem davon, wie es sich lebt, wenn man 29 Jahre alt ist, etwas von der Welt gesehen hat, sich nach mehr Verlässlichkeit sehnt und sich nicht mehr so leicht mitreißen lassen möchte von den Strudeln des Lebens – aber zugleich weiß, wie hoch die eigenen Ansprüche sind. All dies gießt Swift in makellose Lieder wie den Titelsong, der auf den ersten Blick eine romantische Liebeserklärung an einen Mann ist – untergründig aber von der Frage getrieben wird, ob eben dieser Typ wirklich gut genug für den Rest des Lebens ist. [...] Mit 29 fangen die Menschen an, sich an ein besseres Gestern zu erinnern ...»[8]

Etwa 240 Jahre trennen beide Aussagen, und doch ist der Grundtenor verblüffend ähnlich.

Es kann auch so geschehen: Plötzlich, etwa um das 29./30. Jahr herum, begeistern mich ein Sonnenuntergang, ein Kunstwerk oder ein bestimmter Mensch nicht mehr wie früher. Alles scheint eine graue Patina zu bekommen, und das kann natürlich die unterschiedlichsten Formen annehmen. Wird man alt? Sind die Liebe, die Lebensfreude, das Engagement im Beruf hin? Nicht unbedingt! Die alte, naturbedingte Beschwingtheit möchte einer tieferen Seelenkraft einfach etwas Platz machen, um dann, wenn eine Verinnerlichung angestrebt wird, klarer und bewusster hervorzutreten. Man wird in sich zunehmend einsam, man zweifelt intensiver am Sinn eines Berufes, einer Partnerschaft oder gar am Sinn des Lebens selber. Die *Verstandes- und Gemütsseele,* eine weitere, natürliche Seelenkraft, meldet sich. Und nach und nach – das Leben geht weiter – merken wir: Wir sind die Gefragten. Man beginne einen wirklichen Dialog mit sich selbst, mit seinem Partner oder mit dem Leben selber, auf der Suche nach dem Wahren und Echten im Wechselbad der Gefühle, aber ohne Gram, ohne Verbitterung oder gar Schuldzuweisungen. Nicht meine Arbeit, nicht mein Partner, geschweige denn das Leben haben mir Sinn zu geben, denn ich kann sie von heute auf morgen verlieren. Es ist an mir, der Welt einen Sinn zu geben. Nicht also fragen: Was schuldet sie mir? Sondern: Was verlangt sie von mir, was bin ich bereit zu geben? Und das im vollen Bewusstsein der Tatsache, dass ich ab heute, angefangen bei mir selber, meine Welt verändern kann. Keine theoretische Weltverbesserung ist also angesagt, sondern Selbstbestimmung auf verschiedenen Lebensebenen, von sozialen Bezügen angefangen bis hin zu Fragen der Umweltverschmutzung. Und zwar unmittelbar dort, wo es in meiner Reichweite steht. Anders kommt man in der heutigen Zeit mit ihren Unsicherheiten und Problemen nicht weiter.

Letzten Endes ist das die sogenannte Midlife-Crisis, die sich heute bereits sehr früh ankündigen kann. Sie ist eigentlich nichts anderes als eine mehr oder weniger bewusste Schatzsuche.

Das wahre «Ich», unser spiritueller Wesenskern, der sich nur im *freien,* souveränen Handeln offenbaren kann und der tief mit unserem biografischen roten Lebensfaden zu tun hat, ist der eigentliche Lebenskünstler. Denn es gibt im Prinzip keine Situation im normalen Leben, in die ich nicht als wacher, verantwortungsvoller Zeitgenosse mitgestaltend eingreifen kann. Außerdem kann sich hier mehr und mehr das Gesetz unseres «Seins und Wirkens» manifestieren.

Das ist dann das Geschenk der mutig durchgestandenen Dreißigerjahre: Das sind bereits einige Gaben der *Bewusstseinsseele,* die uns im Laufe dieses Buches besonders intensiv beschäftigen wird.

Wie geht es jetzt weiter?

Gerne wird der Lebenslauf immer wieder mit dem Kreislauf der Natur verglichen. Die Jugend gleicht dann dem Frühling und Sommer mit ihrem Blütenmeer, und der Spätsommer mit dem Herbst zeigen schließlich mit ihrer reifen Ernte, wie viel Gutes dem Jahr abgerungen werden konnte: ein treffendes Gleichnis für das Menschenleben!

Tatsächlich macht der Mensch in der Regel bereits eine Zwischenbilanz im Laufe seiner Vierzigerjahre, aber auch davor. Er schaut dann, mehr oder weniger freudig, in eine Zukunft, die einige Ungewissheiten, nicht nur beruflich, mit sich bringt, zumal unser rein biologisches Leben eindeutig auf den «Herbst» zugeht. Nicht nur die Notwendigkeit einer Brille macht das deutlich.

Das betrifft Frauen und Männer gleichermaßen, wie auch immer ihre Stellung im Sozialen und im Wirtschaftsleben sein mag; ob zu Hause oder im Betrieb, ob freischaffend oder weisungsgebunden. Zwar sind es noch Jahre einer kräftigen Entfaltung, und doch haben die Jahre ab 40 eine Art Januskopf, der gleichzeitig nach hinten und nach vorne gewandt ist. Das konnte ich sowohl dem eigenen Lebensduktus ablesen als auch Gesprächen mit Altersgenossen entnehmen.

Wir schauen auf die besonderen Jugend- und Erlebnismöglichkeiten der Zwanzigerjahre zurück, vielleicht mit einer gewissen Wehmut, aber wir blicken gerne auch auf die erste Ernte unseres Lebens hin. Unter Umständen denken wir an all das, was wir eigentlich hätten erreichen wollen und bis heute noch nicht geschafft haben. Andererseits kann sich unser Wertesystem dahingehend geändert haben, dass wir nach neuen beruflichen Chancen Ausschau halten. Oft wollen neue Weichen gestellt werden.

Psychologisch-geisteswissenschaftlich betrachtet, können zu Beginn dieses vierten Jahrzehnts alle drei Funktionen der Seele lebensrelevant geworden sein, die uns jetzt die Grundlage von ganz neuen Entfaltungsmöglichkeiten liefern, worauf bereits hingewiesen wurde: Entwickelt sich *biografisch* die sinnlich orientierte Empfindungsseele etwa im Alter zwischen 21 und 28 Jahren, so meldet sich vom 29. bis zum 35. Lebensjahr die eher realistisch-nüchterne Verstandes- und Gemütsseele mit ihrer Tendenz zum Zweifel, aber auch zur Verinnerlichung. Und schließlich erwacht in der Seele bis gegen 42 und darüber hinaus die Bewusstseinsseele, die Ich-Seele, als der eigentliche, freie Initiativ-Faktor unseres Lebens.[9] Sie trägt unseren spirituellen Wesenskern in sich.

Es handelt sich bei allen diesen Bezeichnungen selbstverständlich um spezifische Qualitäten des einheitlichen geistig-seelischen Organismus des Menschen, die im konkreten Leben ständig ineinanderfließen. Auch die Zeitangaben sind lediglich Schwerpunkte in der biografischen Entwicklung, die selber auch unterschiedliche Phasen der Entfaltung durchmachen, sodass manches im Leben relativ frühzeitig erwachen kann und manches andere später. Es gibt eben auch frühreife Menschen und sogenannte Spätzünder. Und weil das «Ich» jede Biografie zum Unikat – oder zum Rätsel – macht, so sind auch alle diese Prozesse in der Regel äußerst individuell. Dazu kommt, wenn sich ein neues Seelenelement meldet, wie beispielsweise die Verstandesseele, dass sie die Empfindungsseele integrieren möchte, sodass die Biografie nicht einem Stafettenlauf der Seelenkräfte ähnelt. Es handelt sich vielmehr um eine progressive Anreicherung unseres innersten Wesens.

Aber das Wachstum des Menschen ist noch nicht vollendet, denn weitere Seelen- und Geisteskräfte sind in uns veranlagt. Deren Entfaltung ist allerdings im Wesentlichen von unserem freien Willen abhängig. Gemeint sind die von Rudolf Steiner genannten *Geistselbst, Lebensgeist* und *Geistesmensch,*[10] die, gleich Sternenkleidern, in der Nussschale unserer Ichheit veranlagt sind.

Pauschal gesehen, denn im nächsten Kapitel werde ich näher darauf eingehen, haben diese drei miteinander verbundenen Qualitäten mit unserer tieferen spirituellen Dimension zu tun.

Somit haben wir in der Kindheit eine erste Entwicklung von Leib, Seele und Geist. Daraus entfalten sich die Empfindungs-, Verstandes- und Bewusstseinsseele, um in einer weiteren Metamorphose sich in Geistselbst, Lebensgeist und Geistesmensch zu steigern, wie Goethe sagen würde.

Bei den letztgenannten Gliedern leben wir unter anderem im Bereich der *Wahrheit* (das Geistselbst) und wie sie sich mit uns verbinden kann. Aber auch im Bereich starker Impulse der

Liebe, (der Lebensgeist), wie sie in uns als Anlage leben – denn wir sind nicht zum Kampf ums Dasein verdammt. Schließlich wurzelt in uns – neben unleugbarer, intensiver Selbstsucht – auch der Impuls totaler *Opferkraft* (der Geistesmensch).

Je nach unserer moralisch-geistigen Konstitution sind diese Möglichkeiten, mehr oder weniger latent, immer vorhanden.

Der Mensch der Vierzigerjahre ist oft auf dem Gipfel seiner Macht, mit der ganzen Wucht einer schwer zu verbergenden Egozentrik. Aber gerade jetzt, wenn man gelernt hat, auf manche innere Stimme zu hören – manche sprechen von «Bauchgefühl», andere von Gewissen –, dann merken wir, leise aber unüberhörbar, die Engelsstimme unseres höheren Selbst, als Oberbegriff unserer tieferen Dimension, das echte Zukunft schaffen will: «Wandle deine äußere Macht in innere Verantwortung für dich, deine Mitmenschen und für die Erde.» Es ist auch die Zeit, die ein Psychologe *The age of the eminent leaders* nennt.[11] Auch hier kommen wir ohne Selbsterziehung nicht weiter.

In dieser vielschichtigen Phase, die auf die Fünfzigerjahre übergreift, werden auch langsam Problemfelder sichtbar, die primär mit unserer körperlichen Konstitution zu tun haben, denn der Sand unserer Lebensuhr rinnt weiter. Lievegoed führt hier aus: «Der Wunsch, wieder jung zu sein (der die innere Sehnsucht nach etwas Neuem verdecken soll), kann sich in Projektionen nach außen richten: Viele Männer tragen in diesem Alter plötzlich flotte und sportliche Kleidung, bekommen einen federnden Gang und bemühen sich, witzig zu sein. Der Gockel im Mann wird andeutungsweise sichtbar. Aber auch Frauen lassen sich bei der Kosmetikerin verjüngen und wollen gerne für die ältere Schwester ihrer Tochter gehalten werden. Die Illusion, dass man noch einmal von vorn anfangen, noch einmal zwanzig sein kann, muss natürlich enttäuscht werden, es gibt aber Männer und Frauen, die sich diese Illusion sehr lange erhalten können.»[12]

Was nun? Gelingt es uns, durch innere, spirituelle Arbeit die Seele etwas von ihrer einseitigen Verhaftung am Körperlichen zu lösen, dann eröffnen sich wie in einer inneren Imagination jene begeisternden Perspektiven, die das Wetterleuchten des Geistselbst und der anderen «Sternenkleider» in uns ankündigen können. Gepaart mit der Entdeckung der geistigen Dimension allen Seins geht die Erweckung einer inneren Jugendkraft, die in sich die Quelle einer fortschreitenden Sinnerfüllung trägt. Trotz oder gerade wegen heranrückender Herbstzeit.

Bei einer mehr allgemeinen Betrachtung über den Lebenslauf kann man, trotz spezifischer Schwerpunkte oder Knotenbildungen, die Fünfzigerjahre ähnlich charakterisieren wie die Jahre unmittelbar davor.

Wir erinnern uns: Zwischenbilanz und Neubeginn. Oder wir denken an die ungemütlichen Stunden, in denen wir mehr und mehr das Altern empfinden, mit der sich anbahnenden, für beide Geschlechter relevanten Menopause. Oder wir haben unserem Lebensschiff einen neuen Kurs gegeben. Das alles kann sich natürlich auch im fünften Jahrzehnt ereignen. In diesen Jahren ist man unter Umständen beruflich auf dem Höhepunkt der eigenen Möglichkeiten. Erfahrung, Macht und Vorausschau – ob Frau oder Mann – stehen uns zur Verfügung. Die speziellen Fragen der früheren Jahre dürften im Kern bereits geklärt sein und eine neue, schöpferische Phase hat begonnen oder kann beginnen.

Hier scheint mir ein ganz bestimmter und im Allgemeinen wenig beachteter Aspekt von einschneidender Bedeutung zu sein, wie ich in recht vielen Fällen beobachten konnte. Gemeint ist die Zeit des sogenannten dritten Mondknotens, also die Jahre um 55, 56 und 57. Was heißt das?

Etwa alle achtzehn Jahre und sieben Monate steht der Mond wieder in fast demselben Verhältnis zur Sonne, zur Erde und zu den Fixsternen wie bei der Geburt. Unabhängig davon, wie bewandert wir in modernen astronomisch-astrologischen Fragen sind, steht es empirisch fest, dass in dieser Periode wesentliche Veränderungen in unserem ganzen Seelengefüge vonstattengehen.[13]

Als Grundphänomen kann man angeben, dass wir in diesen Zeiten etwas von unserer Vergangenheit ablegen – leiblich, seelisch und geistig –, um eine Art Neugeburt kraft unserer intimsten Ich-Kräfte, das aber zugleich heißt, kraft unseres freien Willens zu verwirklichen.

Etwa im 19. Lebensjahr findet eine progressive Herauslösung aus leiblich-familiären Zusammenhängen statt. Und mehr oder weniger bewusst kann sich das eigene Lebensziel – das Bild dessen, was wir werden sollen – zeigen. Manchmal durch Träume oder auch durch eine Auslandsreise mitbewirkt, oder gar durch ein starkes biografisches Erlebnis, wie beispielsweise der Tod eines uns nahestehenden Menschen. In meinen Seminaren über Biografik konnte ich immer wieder diese Tatsache bestätigt bekommen. Mit etwa 37 Jahren hat ein solcher Loslösungsprozess eher den Charakter einer seelischen Befreiung aus gesellschaftlich-sozialen Bindungen, wie wir gewissermaßen urbildlich anhand von Goethes Italienreise feststellen können. Er fühlte sich dort wie neugeboren. Und, im 56. Lebensjahr wird die Sache geistiger, existenzieller. Eine schwere gesundheitliche Krise kann hier Pate einer ganz neuen beruflichen oder geistigen Wegrichtung, oder beides, stehen. Je nach Dauer des Lebens kann dieser Rhythmus auch bei späteren «Mondknoten-Geburtstagen» gesteigert erlebt werden.

Das Schicksal kommt aber immer von innen, auch wenn es oft äußere Umstände sind, die es uns sagen. Ein Verlust, eine plötzlich auftretende Depression, die lange im Unterbewussten rumort hat, können hier Auslöser eines relativ plötzlichen Kurswechsels werden. Aber auch eine erneute Entscheidung, den bereits eingeschlagenen Kurs zu behalten.

Unsere künftige Lebensstimmung und Schaffenskraft in die Sechzigerjahre hinein hängt dann weitgehend davon ab, wie wir diese «Knoten» lösen. Fädchen um Fädchen beispielsweise, oder wie Alexander der Große mit dem berühmten gordischen Knoten: Mit einem Schwerthieb war er entzweit und der Weg in die Zukunft wurde dadurch frei. Es ist gewiss eine Frage des Temperaments und der Lebenseinstellung, wie ich hier handle. Etwas pointiert gesagt: ein klarer Fall für den Choleriker, kein Problem für den Sanguiniker, eine Frage der Zeit für den Phlegmatiker und ein besonders tiefes Problem für den Melancholiker. Dennoch spricht die Erfahrung für einen klaren und deutlichen Schritt bzw. für einen inneren Schritt, bevor zu viel Zeit ins Land geht: entweder für das bekannte Hier und Jetzt – aber neu – oder für ein zukünftiges Dort und Dann. Es ist aber immer das innere Gesetz unseres individuellen Seins und Wirkens, das sich hier meldet. Oft sind es alte Denk- und Sehgewohnheiten, die uns den Weg in die Zukunft versperren, oder auch Angst vor den ungewissen Folgen. Wichtig dabei ist zuallererst, dass wir Ziele haben – oder neu finden, gerade mithilfe der vom dritten Mondknoten begünstigten Situation.

Wir befinden uns jetzt bereits im Herbst des Lebens. Ich erlaube mir noch eine Parallele zu ziehen: Im Herbst feiert man ja das Fest des Erzengels Michael, des Drachenbezwingers. Diese

Tatsache ist recht vielschichtig. Und im Zusammenhang mit der menschlichen Seele entsteht unter anderem die Frage: Wie kann dieses Bild uns helfen, den Drachen der Herzensträgheit und der Lebensschwere zu überwinden, in die wir vielleicht allzu selbstquälerisch hineinstarren und davon gelähmt werden? In sachlich richtigen Darstellungen wird Michael uns gezeigt, wie er dem Drachen nicht in die Augen schaut, wie sein Blick sich nicht in die Dunkelheit verliert – die kennt er ja. Wir sehen ihn, ob auf einem Pferd sitzend, in Anlehnung an Motive aus der Legende des Heiligen Georg, oder stehend, in der Kraft einer absolut *geraden* Haltung: Bild der Geradheit seines Wesens, der Aufrichtigkeit seiner Hingabe an Gott und Bild seines Standvermögens im Verfolgen seiner Ziele, die er *vor* sich sieht. Das ist das Geheimnis seiner Kraft und seines Sieges. Und ich sehe darin auch die Kraft – wenn wir fest an unseren Lebenszielen halten –, die uns seelisch-siegreich durch die nächsten Jahre oder Jahrzehnte führen kann.

Nun haben wir mittlerweile die Sechzigerjahre erreicht.

Dieses Wort «Die Sechziger» kann unterschiedliche Assoziationen auslösen: Man wird noch älter, die baldige Verrentung oder Pensionierung lässt uns ins Grübeln kommen oder wir denken an unsere künftige Freiheit mit Reisen, Büchern und Sonstigem. Oder wir denken, dass noch vor Kurzem – 2018 – der Studentenrevolte von 1968 – dem Höhepunkt der damaligen Sechzigerjahre – weltweit medienintensiv gedacht wurde. Politiker, Sportler, Manager und Normalverbraucher beiderlei Geschlechts sind zu Wort gekommen und haben versucht zu artikulieren, was damals gedacht und, wenn auch etwas konfus, gewollt wurde. Ich war selbst damals in meinen Zwanzigern, und heute noch denke ich an zwei Worte, die in jenen Tagen viel zitiert und abgedruckt wurden. Das erste kam aus Paris:

«L'imagination au pouvoir», was so viel heißt wie: «Die Fantasie soll an die Macht», und das zweite kam von der deutschen Studentenschaft: «Unter den Talaren, Muff von 1000 Jahren.»

«Imagination» stand für vermisste Erneuerung aller Verhältnisse, für Dynamik und Zukunft, während «Muff» ein prägnantes Bild für Altes, Statisches, Rückständiges, ja, für absoluten Stillstand galt: Prometheus und Epimetheus miteinander im Kampf. Merkwürdig: Beide Begriffe sind ebenfalls ein Schlüssel zum Verständnis und zur Bewältigung der Sechzigerjahre unserer persönlichen Biografie. Aber auch darüber hinaus, zumal in den Siebziger-, Achtzigerjahren und weiteren Jahren, sofern man noch ein selbstbestimmtes Leben führen kann, sich immer wieder Situationen ergeben, die unsere innere Zukunfts-Kreativität herausfordern – auf der Basis unserer Vergangenheits-Erfahrung. Wenn man also beispielsweise als Betriebsangehöriger einer Firma die Zielgerade der Sechziger erreicht hat, so droht tatsächlich ein «Ruhestand». Droht? Ist nicht das Rentenalter der Hafen schlechthin, mit all dem Duft der weiten Welt, der ein Hafen zu bieten hat? Gewiss. Aber nur wenn sie oder er genug «Imagination» haben, an etwas Sinnvolles danach zu denken, das heißt das neue Ufer zu bestimmen, das unsere Seefahrt erreichen möchte. Der Möglichkeiten gibt es viele, zumal wir Wesen sind, die aus Leib, Seele und Geist bestehen.

Vor einiger Zeit sagte mir ein Freund, der bereits die Achtziger erreicht hat, dass es in seinem Alter nicht nur wichtig ist, *am* Leben zu bleiben, sondern *im* Leben! Ja, das ist es eigentlich, worauf es mehr und mehr gemäß der eigenen Möglichkeiten ankommt.

Denn damit wird die Gefahr des absoluten Ruhestands gebannt, wie das Versinken in den Fernsehsessel, um nur ein Beispiel zu nennen. Natürlich muss man auch hier die Kirche im Dorf lassen, denn freilich soll man ausspannen, sich ausruhen, sich manchen bisher unerfüllten Wunsch leisten. Und schließlich dürfen wir auch das tun, was wir tun möchten. Es gibt auch hier kein Pauschalgesetz. Nur darf man dabei nicht vergessen – wenn man im Leben bleiben will –, dass unser Leben, anders als es bei den Tieren der Fall ist, auf bewussten Sinn angelegt ist und nicht nur auf das Überleben. Und hier brauchen wir Fantasie.

Überhaupt brauchen wir Fantasie im Leben. Fantasie verliert sich nicht in der Vergangenheit, wo vielleicht alles «besser» war. Fantasie ermöglicht mir, meinem Alltag neuen oder tieferen Sinn zu geben, und es ist Fantasie, die mir Kraft gibt, unter Umständen selbst im vorgerückten Alter einen neuen Kurs einzuschlagen.

Ja, das Leben kann eigentlich bis zum letzten Atemzug *vorwärts* gelebt werden, wenn wir den Aspekt der Verinnerlichung der Seelenkräfte oder die Möglichkeit einer Metamorphose richtig bedenken. Hier hilft uns Prometheus gerne, und Epimetheus steuert uns die richtigen Begriffe bei, ein vollbrachtes Leben *rückwärts* zu verstehen.

3. Ich-Entfaltung im Rhythmus der Zeit

In der Literatur werden unterschiedliche Metaphern verwendet, um den menschlichen Lebenslauf in einem umfassenden, einheitlichen Zusammenhang darzustellen.

Am bekanntesten ist ja der Kreislauf der Jahreszeiten: Frühling, Sommer, Herbst und Winter. Aber auch Bilder einer Meerfahrt werden gerne verwendet, etwa in Anlehnung an Stoffe der Weltliteratur, wie Odysseus' Irrfahrten mit ihren Meeresstürmen, Ungeheuern und Sirenengesängen. Manchmal wird das Leben auch mit einer Bergwanderung verglichen: der mühsame Aufstieg, die ständige Sturzgefahr oder die plötzlichen Unwetter, die den Wanderer jederzeit überraschen können. Sogar die Welt der Kunst, wie am Beispiel der Musik, kann schöne Sinnbilder geben: Leitmotiv, Kontrapunkte, Dissonanzen, Akkorde und vieles mehr. Und alle diese Variationen über das Thema «Leben» sind stimmig.

Denn große Welt und kleine Welt, oder Makrokosmos und Mikrokosmos, wie man früher gesagt hätte, gehören unzertrennlich zusammen: Erde, Wasser, Luft, Feuer und Licht sind ebenso außen wie innen im ständigen Austausch und in Wandlung zu finden.

Was mich bereits als Kind mit Staunen und Bewunderung erfüllte, war das Wunder der Verwandlung in Märchen und Legenden, aber auch wie sie in Ovids *Metamorphosen* geschildert wird. Ein Abbild von Berninis «Apollo und Daphne» in meiner Jugend-Enzyklopädie habe ich oft und lange betrachtet. Die Geschichte des durch einen goldenen Pfeil des Amors getroffenen, unglücklich liebenden Apollo bewegte mich stark: Wie er sie erblickt, flieht sie ihm weg. Er bittet die Nymphe zu halten, denn er sei nicht wie der Wolf auf der Jagd nach dem Lamm, sondern ein unglücklich Liebender, der sie beschützen will. Aber ein ganz anderer Pfeil Amors hatte die wunderschöne Nymphe getroffen, nicht ein goldener der Liebe, sondern ein bleierner, der die Liebe verscheucht. Und die verfolgte Daphne ruft ihren mächtigen Vater, Peneios, zu Hilfe und er verwandelt sie in einen Lorbeerbaum, der fortan der heilige Baum Apollos wurde. Und da der junge Apollo ewig jung ist, so soll die Pracht des Lorbeerbaumes ewig jung bleiben.

Diese Möglichkeit der Verwandlung, der Metamorphose, sehe ich über die bereits geschilderten Bilder hinaus als das Grundgesetz der Biografie oder der unterschiedlichen Reifungsprozesse, die sich im Laufe des Lebens zum Teil natürlich entfalten und zum Teil nur durch Eigenkraft zu vollenden sind. Man denke hier an die bereits erwähnte, schöpferische Polarität von Evolution und Involution.

Weltgeschichtlich betrachtet verdanken wir Goethe die wissenschaftlich fundierte Entdeckung der unterschiedlichen Metamorphosengesetze, die alles Sein durchziehen und gestalten, auch wenn manches nicht ganz zu Ende entwickelt werden konnte, wie beispielsweise die Metamorphose der Tiere, nachdem er die der Pflanzen bereits dargestellt hatte. Selbstverständlich sind Ovids *Metamorphosen* nicht im gleichen Sinn als «wissenschaftlich» zu bezeichnen. Sie entstammen dem reichen mythologischen und legendenhaften Stoff der Antike, den Ovid literarisch aufgearbeitet hat, und bedürften eines eigenen Schlüssels, um ihre Tiefe zu erfassen.

In mir erweckten sie damals ein noch unbestimmtes Gefühl für die Wandelbarkeit menschlicher Zusammenhänge, die sich im Laufe des Lebens immer wieder bestätigte. Vor allem das Wort «Metamorphose» übte eine starke Kraft aus. Deshalb möchte ich in dieser Arbeit versuchen, auf dieses Zauberwort immer wieder zurückzukommen, um Lebenssituationen – biografische Stationen – mit ihrem Wandlungspotenzial etwas durchsichtig zu machen.

Goethe selber hat sein eigenes Leben auch im Sinne einer stetigen Wandlung betrachtet. Und wenn ich diese Perspektive als vorbildlich und als Grundlage meiner eigenen Ausführungen annehme, so deshalb, weil sie so zentral ist wie die Keplerschen Gesetze für die Astronomie; sie ist also nicht überholt. So äußerte einmal der Achtzigjährige seinem getreuen Eckermann im Zusammenhang mit dem zweiten Teil des *Faust,* den der Dichter selber nun als ausgereift betrachtet: «Da die Konzeption so alt ist», sagte Goethe, «und ich seit fünfzig Jahren darüber nachdenke, so hat sich das innere Material so sehr gehäuft, dass jetzt das Ausscheiden und Ablehnen die schwere Operation ist. Die Erfindung des ganzen zweiten Teiles ist wirklich so alt, wie ich sage. Aber dass ich ihn erst jetzt schreibe, nachdem ich über die weltlichen Dinge so viel klarer geworden, mag der Sache zugutekommen. Es geht mir damit wie einem, der in seiner Jugend sehr viel kleines Silber und Kupfergeld hat, das er während dem Lauf seines Lebens immer bedeutender einwechselt, so dass er zuletzt seinen Jugendbesitz in reinen Goldstücken vor sich sieht.»[14]

Ein wunderbarer Lebensertrag!

Zu diesem Gesamtthema gehört auch die Realität der fortschreitenden Jahrsiebte in der Individualentwicklung von jedem von uns, wie sie bereits im zweiten Kapitel angedeutet wurde. Als ich zum ersten Mal davon hörte, dachte ich, das wäre eine relativ moderne Erkenntnis, die Rudolf Steiner für die Pädagogik und für die Lebensbetrachtung im Allgemeinen entdeckt und angewandt hat. Neu entdeckt und erforscht hat er sie wohl, aber sie war auch bereits im alten Griechenland bekannt. Man teilte den Lebenslauf in *Hebdomaden,* in Jahrsiebte.

Solon, der große athenische Gesetzgeber (640 – 561), schrieb bereits:

«Wenn mit dem Ende des ersten Jahrsiebents der Knabe den Zahnkreis
Auswirft, gemäß der Natur, ist er noch unreif, ein Tor.
Wenn aber weitere sieben Jahre der Gott ihm vollendet,
Kommen schon Zeichen hervor, dass ihm die Jugend nun reift.
Barthaar keimt ihm jetzt im dritten Jahrsiebent, und dunkler
Färbt sich die blühende Haut, kraftvoll strafft sich sein Leib.
Aber des Mannes Stärke entwickelt sich dann in der vierten
Siebenerreihe zuhöchst. Taten vollbringt jetzt der Mann!
Doch im fünften Jahrsiebent trachtet der Mann nach Vermählung,
Dass in die Zukunft hinaus wachse ein blühend Geschlecht.
Drauf im sechsten reift des Mannes Gesinnung und stählt sich.
Künftig mag er nicht mehr wirken an nichtigem Werk.
Vierzehn Jahre hindurch, im siebten und achten Jahrsiebent,
Wirkt in vollendeter Kraft jetzt sein Verstand und sein Wort.
Auch noch im neunten leistet er Manches, doch sinkt von der Höhe
Kraftvoll männlicher Taten, Weisheit und Rede herab.
Wem aber Gott das zehnte Jahrsiebent zur Neige vollendet,
Ihn ereilt dann der Tod wohl zu der schicklichen Zeit.»[15]

Diese Elegie ist auch Zeugnis patriarchalischer Lebenseinstellung in einer von Männern dominierten Kultur. Denn, wenn auch etwas anders nuanciert, betreffen diese Lebensstufen, gerade im Hinblick auf Ich-Bewusstsein und Ich-Entfaltung, genauso Frauen wie Männer. Im vorigen Kapitel habe ich davon einen kurzen Hinweis gegeben, und jetzt möchte ich einige Motive erneut aufgreifen und vertiefen.

Es ist die Rede von den drei primären Beziehungen zur Welt gewesen, die der Heranwachsende in den drei ersten Jahrsiebten durchlebt: *Nachahmen, Nacheifern, Nach-denken.* Und, genauso wie eine gesunde Ernährung von Anfang an nach Möglichkeit angesagt ist, so auch *mutatis mutandis,* und ebenfalls nach Möglichkeit, eine nachahmenswerte, nacheifernswürdige und nachdenkensintensive Lebensumgebung. Denn auch das gesamte Lebensmilieu, nicht nur die tägliche Ernährung, wirkt sich das ganze weitere Leben hindurch mit großer Nachhaltigkeit aus. Will man die maßgeblichen Faktoren unserer Umgebung, ihren zentralen Einfluss auf unser Seelenleben im Sinne dieser Dreiheit mit einer Metapher umschreiben, so kann man das Bild eines Goldsuchers am Ufer eines Flusses entwerfen.

Der Sand, den er siebt, sind die täglichen Einflüsse, Eindrücke und Begegnungen. Die Goldkörner stellen jene Bildungsqualitäten dar, welche die bereits erwähnte Dreiheit – nachahmen, nacheifern und nach-denken – gleichsam mit dem richtigen Glanz versehen. Diese Goldkörner, die durch den Fluss der Zeit immer wieder unser Seelenleben bereichern, sind: Güte, Schönheit und Wahrheit. Was ist damit gemeint?

Fangen wir mit der *Güte* an. Es ist immer ein großes Wunder, was ich auch an meinen eigenen Kindern beobachten konnte, mit welcher Entschlossenheit, trotz häufigem Schwanken und

Stolpern, das kleine Kind zuerst die Aufrechte sucht und später seine ersten Schritte in den weiten Raum hinein wagt. Sein Blickkreis ist zunächst ganz gering. Erst langsam erweitert sich das Gesichtsfeld und das Kind nimmt dann auch entferntere Dinge wahr. Es ist eigentlich eine Eroberung des Raumes, was hier stattfindet. Eine primäre Ur-Erfahrung als Mutterboden künftiger Schritte in die weite Welt des Alltags und der Erwachsenen oder gar künftiger Reisen um den Erdglobus. Sein Raumerleben ist zunächst sehr stark an die Fähigkeit des Gehens gebunden, und je weiter es laufen kann, desto freier fühlt es sich und umso interessanter erscheint ihm die Welt. Gerade dieses Tasten des Bodens, dieses Durchschreiten, sich mit den eigenen Gliedern in Beziehung setzen zu den Dingen, um sie dann auch gründlich zu be-*greifen*, begründet ein erstes, fundamentales Verhältnis zur Umwelt. Das verleiht ein Grundgefühl von Sicherheit im Leben, das ihrem mitgebrachten Ur-Vertrauen in die Welt entspricht. Wenn der Boden immer schwanken würde, könnte man schwerlich richtig laufen lernen.

Ähnlich verhält es sich mit den sozialen Verhältnissen, die in der unmittelbaren Umgebung des Kindes auf seine offenen Sinnesorgane einwirken. Das Kind ist bekanntlich ganz Ohr, ganz Auge, aber auch ganz Bewegung, und ahmt, ungefiltert, ziemlich alles nach; und speichert es aber auch: Gebärden, Sprache, Schimpfworte, Koseworte, Verhaltensweisen. In der Zeit, als ich Lehrer war und ein erster Elternabend nach einiger Zeit stattfand, konnte ich unschwerlich anhand der Gangart und Sprechweise einiger Mütter oder Väter das zugehörige Kind erraten! Und wenn ich schon beim Thema «Eltern» bin, darf man auch nicht vergessen, dass *stabile* Familienverhältnisse, *feste* Bezugspersonen, die nicht unbedingt Eltern sein müssen, ein großes Grundgefühl von Sicherheit im Leben verleihen.

Sie sind ein Seelenboden, worauf Kinder später im Laufe ihrer Biografie immer ruhen können. Ähnlich wie der feste, sichere Boden unter unseren Füßen zu den unerlässlichen Ur-Erfahrungen gehört. In diesem Sinne kann man das Wort «Güte» im erweiterten Sinne anwenden: *gut* bedeutet Sicherheit, Gediegenheit, Solidität, Stabilität. Qualitäten, die auch im Seelischen soweit wie möglich den Kindern übertragen werden sollten. Natürlich weiß ich, wie desolat die Familiensituation diesbezüglich in unserer Zeit sein kann und dass das eben Gesagte nicht immer die Ausgangssituation aller Biografien ist. Und dennoch kann man trotzdem nach und nach den Kindern – wenn beispielsweise die getrennt lebenden Eltern sozialreif sind – wieder Sicherheit geben.

Alles in allem ist in den ersten Jahren von grundlegender Bedeutung, dass der werdende Mensch fühlt: *Die Welt ist gut.*

Denn in diesen Jahren befinden wir uns in der Phase der körperlich-seelischen Entwicklung. Alle Erfahrungen prägen sich konstitutionell bis in die körperlichen Organe ein als die physische Grundlage späterer Seelenentwicklung.

Vermögen wir unseren Kindergenerationen nichts oder kaum «Gutes» zu geben, so sind im Alter unweigerlich – früher oder später – Unsicherheit des Lebensgefühls, Pessimismus, Geiz, Machtstreben, Profilsucht und Eifersucht die Folge. Als Erwachsene, einmal, dass wir solche Anlagen in uns entdeckt haben, können wir einiges heilen. Ein Wundermittel ist eine gesunde, freie, bodenständige religiöse Haltung Mensch, Natur und Kosmos gegenüber: Wenn man als Kind nicht das Glück gehabt hat, religiöse Werte zu erleben, und wenn einer sogar Atheist geworden ist, so können schon die unzähligen Wunder um uns und über uns, die gediegene Wiederkehr der Rhythmen der Jahreszeiten – selbst mitten im Klimawandel – das

Gefühl vermitteln: Das Sein und Werden sind gut. Und bin ich vielleicht etwas denkerisch veranlagt, so kann das Lesen, Mitdenken und Vertiefen spiritueller Texte in uns nach und nach ein ähnliches Grundgefühl vermitteln.

Es ist mir schon klar, dass ich hier nur ein paar Anregungen vermitteln kann und dass darüber viel mehr gesagt werden müsste, aber auf die Kernbotschaft kommt es mir an, die ein jeder auf seine spezielle Lebenssituation anwenden mag. Nicht belehren möchte ich, sondern Erfahrungen weitergeben.

Ohne nun die Bedeutung der «Güte» für das weitere Leben zu vergessen, tritt für die Zeit zwischen 7 und 14 – die Übergänge sind stets fließend – ein anderer Faktor auf, der ebenfalls für unsere spätere Lebenseinstellung von großer Bedeutung ist: das Gefühl, das Erlebnis, dass die Welt voller *Schönheit* ist. Auch hier möchte ich kurz erklären, wie es gemeint ist, denn Worte erhalten erst ihren wahren Sinn, wenn sie in ihren dafür bestimmten Zusammenhang gebracht werden.

Während sich in den ersten Lebensjahren vornehmlich alle Sinne um den Aufbau unserer Gesamtkonstitution kümmern, befreien sich jene verborgenen Bildekräfte, die unsere Organe nach und nach aus eher undifferenzierten Gestaltungen jeweils Leber, Milz, Lungen und so weiter geformt haben. Sie bilden dann innerlicher, seelischer, und betätigen sich als das Wunder der menschlichen Fantasie.[16] Natürlich spielt auch das kleine Kind fantasievoll. Sein Tun ist aber sozusagen objektzentriert und sachlich bezogen: Klötze, Steine, Kastanien, Autos, Schiffe, Käfer. Der sinnlich sichtbaren Welt ist das Kind hingegeben. Aber die oben gemeinte Fantasiekraft ist vergleichbar einem inneren Künstler, der ungeheuer kreativ alle unsere Seelenkräfte in Bewegung setzt. Diese neu entfachte Fantasie bewegt nicht allein Klötze, Steine und ordnet sie neu, wie eben oft Kinder tun, sondern es werden zunehmend innere Bilder, ja Vor-bilder oder Ideale in der Seele erschaffen. Daher sind besonders in diesen Jahren jene Vorbilder so wichtig, an denen sich die Fantasie der Jungen oder Mädchen betätigen kann. Lebensideale werden in der Seele gleichsam geistig aufgebaut, denen man freiwillig nacheifern kann. Ähnlich wie bei einer geliebten und verehrten Autorität in der Welt des Alltags. Aber diese Kreativität, die unserer Natur innewohnt, soll sich allseitig entfalten. Denn sie ist eine Kraft, die im späteren Leben Berge versetzen kann. Und die Gefahr ist, weil jede Kraft an sich Energie bedeutet und weil jede Energie nach Äußerung drängt, dass sie sich dann zerstörerisch – krawallartig – verhält, im illusionären Drang, dass die Dinge später gleichsam von selbst ihre Neuordnung finden werden.

Daher ist es auch von zentraler Bedeutung, wie beispielsweise in der Waldorfpädagogik üblich, dass in der Schule, als Pendant zu den mehr kognitiven Fächern, jeder die Möglichkeit freier, bildnerischer Gestaltung bekommt, bei der sich auch das eigene ästhetische Vermögen schulen kann. Genauso wichtig ist eine musikalische Betätigung oder eine Bewegungskunst wie die Eurythmie.

Alles in allem bekommen die jungen Menschen die konkrete Möglichkeit, etwas zu schaffen, Werte zu erzeugen, die vor ihnen noch nie da waren. Sind die kognitiven Lernprozesse wie etwa in unverzichtbaren Fächern wie Physik oder Mathematik eher als epimetheisch zu bezeichnen, so ist alles *Tun,* ob in Kunst, Handwerk, Gartenbau und anderem von einem prometheischen, zukunftsorientierten Zug impulsiert: Ich schaffe etwas, was vorher noch nicht da war – aber durch mich da ist. Dadurch gewinnt man ein Reservoir an Gestaltungsmöglichkeiten, die später im Beruf, in der Partnerschaft, ja sogar beim Älterwerden goldwert sind, um es mit Goethe zu sagen. Und das Selbsterschaffene, das Selbsterzeugte, erfüllt einen immer wieder mit einem Gefühl von Schönheit.

Dazu sind auch Unterricht in Erdkunde, Pflanzen- und Tierkunde da, um einen lebendigen Kontakt zu der unsagbaren Schönheit unseres Kosmos zu bekommen. Denn das Bedürfnis nach Schönheit ist, besonders in diesem Alter, durchweg vorhanden, auch wenn dieses Bedürfnis manchmal seltsame Formen annimmt, wie ich immer wieder als Lehrer und als Vater erleben konnte.

Aber der Begriff «Schönheit» darf nicht zu eng gefasst werden. Denn eine weitere Form dieser Sehnsucht, wie ich oft beobachten konnte, ist die nach schönen, harmonischen sozialen Verhältnissen: ein schönes Gespräch, eine schöne Zusammenkunft, ein Grundverhalten der Menschen untereinander, auch in Konfliktsituationen, das man durchaus als schön bezeichnen kann. Also: *die Welt ist schön.* Dieses Gefühl hat eine starke biografische Relevanz.

Natürlich sind das auch Ideale, die nicht immer erreicht werden können. Aber es gibt ein Wort, Carl Schurz zugeschrieben, das einen im Leben immer wieder befeuern kann: Ideale sind wie Sterne; wir werden sie zwar nie erreichen, aber wir können uns an ihnen orientieren.

Und was kann eine mangelnde Pflege der Fantasiekräfte für das spätere Leben bedeuten? Das ist relativ einfach gesagt: Spießertum, Konsumgier, soziale Passivität, Subalternertum sind mitunter Folgen verpasster oder nie gehabter Chancen, das eigene seelische Produktivvermögen zu intensivieren, damit später nicht allein die Vermehrung materiellen Vermögens im Mittelpunkt meiner Biografie steht.

Einmal, dass man solche Gefahren sieht, gibt es natürlich, wie es bei Giften bekannt ist, ein Antidot. Und das heißt: Kunsterleben, Kunstschaffen, soziale Kreativität üben. Aber auch echtes Naturerleben, öfters praktiziert, oder gar Naturpflege können Wunder bewirken. Warum ist es so, könnte man fragen.

Woher haben wir dieses Urvertrauen, dass die Welt gut ist, und die Sehnsucht nach dem Schönen später? Woher die Überzeugung, wenn zwischen 14 und 21 unsere Denkkräfte zunehmend scharf werden, dass wir imstande sind, die Wahrheit zu erkennen, weil Wahrheit überall entdeckt und uns bewusst werden kann?

Gewiss sind viele Antworten möglich, je nach dem Standpunkt, den man jeweils einnimmt. Ich halte mich an den alten Seher Platon, dass wir alle vor der Geburt in Welten voller Güte, Schönheit und Wahrheit gelebt haben und dass dieses Lichtgold überall auf der Erde entdeckt, erlebt und erkannt werden kann; zumal Erde und Kosmos eine sichtbare Offenbarung der schaffenden Ideenwelt sind, die der Evangelist Johannes den Logos, das «Wort», nennt. Diese uralte Weisheit wurde durch Rudolf Steiner gewissermaßen neu erforscht und für alle Zweige des praktischen Lebens fruchtbar gemacht. Seine von ihm entwickelte «Anthroposophie» ist primär «ein Erkenntnisweg, der das Geistige im Menschenwesen zum Geistigen im Weltenall führen möchte».[17] Auf diesem «Weg» fußen die Betrachtungen dieses Buches.

Was nun das Thema *Wahrheit* anbelangt, knüpfe ich gerne an den menschenkundlichen Entwicklungsprozess der Freilegung wirkender Bildekräfte an, wie sie im Zusammenhang mit der Intensivierung der Fantasie erwähnt wurde.

Ist die Begabung zur Fantasie, wie sie etwa im zweiten Jahrsiebt beobachtet werden kann, eine Art Metamorphose der bisher ausschließlich im körperlichen Aufbau sich betätigenden Aufbaukräfte, so geschieht ein Ähnliches für die Intensivierung der Denkkräfte im dritten Jahrsiebt. Mathematik, Naturwissenschaften, Philosophie und anderes tragen das ihrige dazu bei, treffen sie doch auf junge Menschen, die selbstverständlich davon ausgehen, dass ihre Denkkräfte imstande sind, Wahrheit zu entdecken und zu erleben. Manche noch weit verbreitete Anschauung der Vergangenheit, wie etwa Rationalismus, Agnostizismus oder Positivismus, ist ihnen noch fremd, obwohl sie auch, natürlich, die Anlage dazu haben. Aber unbewusst leben sie noch im Nachglanz jener vorhin erwähnten, vorgeburtlichen Wahrheitswelten. Daher ihre oft verblüffende Urteilssicherheit. Und ihr offener Zugang zu vielseitiger Denkbetätigung auch in Bezug auf naturkundliche Fragen. Ja, *die Welt ist wahr,* und ich kann lernen, sie mehr und mehr mit meinem Denken zu verstehen. Und genauso wie mich die beiden anderen Erlebnisqualitäten für das spätere Leben ausrüsten, so auch ein unverkrampfter Umgang mit den eigenen Erkenntnismöglichkeiten, denn jeder Mensch hat zunächst Vertrauen zum Denken.

Sozial gesehen, fördert eine solche Ausgangsposition auch Toleranz und Offenheit Andersdenkenden gegenüber, ohne deshalb in Kritiklosigkeit zu verfallen. Anders herum können sich später jene bekannten Symptome geistiger – und oft auch sozialer – Dekadenz zeigen wie: Dogmatismus, Fundamentalismus, ausweglose Skepsis und Agnostizismus. Aber auch hier gibt es Möglichkeiten der Heilung: sich auf Wahrheitssuche begeben, philosophische Texte, die konträr zur eigenen Anschauung stehen, lesen.[18] Wichtig ist, dass man auf der Suche bleibt. Auch hier sind Gespräche, Begegnungen und neue Gedanken Quellkräfte für unsere weitere Biografie.

Somit hätten wir mit Güte, Schönheit und Wahrheit, mit ihrem Schwerpunkt in den ersten drei Jahrsiebten, drei unverzichtbare Grundbestandteile – drei Goldkörner – unserer Ich-Entwicklung, zumal für die Zeit der Entwicklung auf den Bahnen der *körperlich-seelischen* Reifung. Mit etwa 21 Jahren beginnt auf dieser Grundlage die Kernphase *seelisch-geistigen* Wachstums, eines Ich-Wachstums, das nur durch innere, individuelle, freie Willensbetätigung vonstattengehen kann: Ab 42 setzt schwerpunktmäßig eine rein *geistig-seelische* Entwicklung an.

Da dieses Kapitel hauptsächlich die Ich-Entfaltung als Gegenstand hat, möchte ich kurz skizzieren, was damit – mit dem «Ich» – gemeint ist. Denn mit unserem «Ich» ist eine innere Instanz gegeben, die das identitätsstiftende Zentrum der gesamten Persönlichkeit ist. Das Ich-Bewusstsein durchdringt alle Seelenkräfte. Wir sagen: *Ich* habe Hunger, *ich* fühle Schmerz, *ich* hasse, *ich* liebe, *ich* will, *ich* denke. Das Ich ist der Mittelpunkt unserer Innerlichkeit, der auf sich selbst alle peripheren Erlebnisse bezieht. Verkannt wird das «Ich», wo unbestimmtes Fühlen oder triebhafter Wille dieses verwechseln mit seinem egoistischen Aspekt, den man gemeinhin als «Ego» bezeichnet. Letzteres ist lediglich der elementare, natürliche Ausdruck einer viel umfassenderen Instanz, derer ur-eigene Form weder leiblich noch gefühlsmäßig-seelischer Art ist, sondern ideell-geistiger Natur.

Sigismund von Gleich charakterisiert sie als eine «*Substanz* oder das sich selbst durchsichtige und sich selbst tragende Sein.»[19] In der Tat ist das Ich das Einzige in der Welt der materiellen Dinge, das sich selbst benennen kann. Alles andere kann nur von außen benannt und erfasst werden. Dieses Sich-selbst-Wissen des Ich ist eine rein geistige Tätigkeit, die freilich ein gut funktionierendes Gehirn als Grundlage braucht. Aber der

Denk-Wille steht zum Gehirn in etwa wie meine Absicht, einen Spaziergang zu machen: Es ist mein Wille zu gehen, der die Beine in Bewegung setzt, nicht umgekehrt. So wie erst mein Denkwille das Gehirn in Bewegung setzt und nicht umgekehrt. Mögen populärwissenschaftliche, neurologische Spekulationen vordergründig etwas anderes behaupten – die volle Lebensrealität ist auf meiner Seite.

Im *Erleben* des Ich-Sagens zu sich selbst leuchtet Bewusstseinslicht auf, nicht Materie. Die physikalisch unmögliche Leistung des Freiherrn von Münchhausen, der sich am eigenen Schopf erfasst und in die Luft hochzieht, vollbringt das Ich geistig, indem es sich selbst – ohne Stütze von außen – «Ich» nennt. Der Vergleich ist zwar etwas komisch, aber die Erfahrung bestätigt dieses Wunder des «Ich-bin-Ich», das einem schon durch eigene Beobachtung und Nachdenken bewusst werden kann.

Nun ist, wie alles Lebendige, auch unser Ich in Entwicklung begriffen, trotz der Konstante, die uns durch unsere eigene Biografie als Ich-Bewusstsein begleitet.

Jetzt drängt sich erneut das Bild der Entwicklung einer einjährigen Pflanze auf, wie es im zweiten Kapitel im Zusammenhang mit Evolution – Involution skizziert wurde. Nur möchte ich diesen Vergleich auf die Jahrsiebte von 21 bis 42 Jahren ebenfalls beziehen, aber auch auf die Jahre danach. Wir erinnern uns: Die Pflanze entfaltet sich in Raum und Zeit, indem Phasen der Evolution, d.h. der Ausdehnung, Phasen der Involution, der Zusammenziehung, gesetzmäßig folgen. In Letzteren verinnerlicht sozusagen die Pflanze Säfte und Kräfte, um höhere Entwicklungen wie Frucht- und Samenbildung zu ermöglichen.

In diesem Sinne kann man die ersten drei Jahrsiebte so anschauen: Vom stillen Wachstum des *Keimes* im Mutterleib bis zur Pubertät und darüber hinaus haben wir Jahre der körperlich-seelischen «Ausdehnung»: die *Sprossblätter.* Sie werden gefolgt und begleitet von der «Zusammenziehung» in die Verschlossenheit und Introversion, die typisch für diese Jahre sind: die Bildung der sich auf engem Raum befindlichen, die Knospe gleichsam schützenden *Kelchblätter.* Es folgt dann die besondere Entfaltung der Jahre zwischen 21 und 42 als eigentliche *Blüte* der Biografie: selbstverständlich idealtypisch angeschaut. Wenn wir jetzt diese Wahr-Metapher ergänzen, können wir hinzufügen, dass sich während des Blühens eine weitere Zusammenziehung ereignet, und zwar – vereinfacht ausgedrückt – in der Gestaltung der *Staubblätter und des Fruchtknotens.*

Auf die Biografie bezogen würde es heißen, dass die Frucht- und Samenbildung für die nachfolgenden Jahre etwa in der Lebensmitte beginnt, um das 35. Jahr herum. Es ist die Zeit der sogenannten Midlife-Crisis. Diese Jahre münden in die eigentliche *Fruchtbildung,* in die dritte Ausdehnung.

Der Tod, der am Ende des Lebenslaufs eintritt, ist, geistig gesehen, zugleich die Vollendung der *Samenbildung* und der Beginn eines Weiterlebens, Weiterwachsens in «neuen Räumen», wie Hermann Hesse sagen würde.

Kurz zusammengefasst lässt sich am Beispiel des Wachsens und Welkens einer einjährigen Pflanze ein treffendes Bild der Rhythmen, die unserem eigenen Lebenslauf innewohnen, zeigen. Und das nicht aus poetischer Fantasie heraus, sondern aus der bereits erwähnten Anschauung, dass es sich in Natur und Kosmos – im Großen wie im Kleinen – um gleiche Gesetze handelt, die auf verschiedenen Ebenen wirksam sind. Den pflanzlichen Ausdehnungen entsprechen unsere eigenen Entfaltungen, und dem Prozess des Zusammenziehens sind unsere vielfältigen Krisen, aber auch die verborgenen Geburtsprozesse, die sich in diesen Zeiten, für uns meistens unbewusst, abspielen, ein zutreffendes Gleichnis. Denn es handelt sich, konkret gesehen, um Wandlungen unseres Wesenskerns, unseres «Ich», des Garanten unserer Identität. Und wenn ich es mit einem Samenkorn vergleiche, dann pflanzt es sich weiter fort von Leben zu Leben, wie das Samenkorn von Jahr zu Jahr, von Jahreszeit zu Jahreszeit. Ist der Same Ausdruck der Ewigkeit seiner Gattung, so ist jedes «Ich» eine Gattung für sich. Es trägt in sich das Gesetz von unserem «Sein und Wirken», das aber heißt, dass der *rote Faden* unserer Biografie, wovon Günther Maria Halmer spricht, hier zu finden ist, sowie die anderen «Säulen»: seine verborgene *innere Stimme* und die in uns allen veranlagte *Freiheit*. Aus der Gegenwart heraus kann das Ich, dank dem Gedächtnis, in die Vergangenheit schauen und, dank einem innewohnenden Ahnungsvermögen, Zukunftsbilder entwerfen. In seiner Mitte, beide beherrschend, vereinigt es Prometheus und Epimetheus.

Goethe, der Darsteller vielschichtiger Schicksale, wusste um die Rätselhaftigkeit und um die Tiefen des «Ich», das er einmal, in einem seiner Orphischen Urworte, *geprägte Form* nennt:

> «Wie an dem Tag, der dich der Welt verliehen,
> Die Sonne stand zum Gruße der Planeten,
> Bist alsobald und fort und fort gediehen
> Nach dem Gesetz, wonach du angetreten.
> So musst du sein, dir kannst du nicht entfliehen,
> So sagten schon Sibyllen, so Propheten;
> Und keine Zeit und keine Macht zerstückelt
> Geprägte Form, die lebend sich entwickelt.»[20]

Schauen wir jetzt in diesem Sinne auf die Zwanzigerjahre hin und auf die Jahre danach. Ich knüpfe jetzt an das im zweiten Kapitel bereits Ausgeführte an und versuche es zu ergänzen und zu vertiefen. Ich habe dort die Kernaspekte der Jahre zwischen 21 und 42 unter dem Aspekt von drei Funktionen der Seele, wie sie Rudolf Steiner nennt: die Empfindungsseele, die Verstandes- und Gemütsseele und die Bewusstseinsseele betrachtet. Ich bin dann auch auf die Weiterentwicklung während der Jahre danach kurz eingegangen.

Die *Empfindungsseele* (21 – 28) wurde als ein vitaler, expansiver Pol charakterisiert, voll Spontaneität, Sturm und Drang, aber auch voll Idealismus. Die sinnliche Welt dominiert gewissermaßen über unser Innenleben, das, salopp formuliert, von der Hand in den Mund lebt. Häufiger Partnerwechsel kann besonders in diesen Jahren stattfinden, oder auch andere Veränderungen. Ein unsichtbares Pferd scheint uns immer dorthin zu führen, wo wir hingehören oder vom Schicksal erwartet werden.

Unser Ich erlebt sich, bewertet sich und entwickelt sich weiter anhand der täglichen Erfahrungen und vor allem aufgrund der Resonanz, des Echos, das wir von unserer Umwelt bekommen. Jede richtige Begegnung, jenseits von der Smalltalk-Ödnis, bereichert uns, sowie Reisen oder auch Kunsterlebnisse. Viele sogenannte Schlüsselerlebnisse finden in diesen Jahren besonders intensiv statt. Dann glimmt das elementare Feuer dieser Zeit etwas ab, um, vielleicht etwas stiller, in der Phase der *Verstandes- und Gemütsseele* (29 – 35) wieder entfacht zu werden – wenn auch etwas anders als bisher. Die Phase der Empfindungsseele ist zentral für die Bildung eines tragenden *Selbstgefühls.* Sie ist außerdem charakterisiert durch das Erfahren der eigenen *Seelenweite* in der Begegnung mit der Welt. Die *Verstandes- und*

Gemütsseele ist insofern kein Widerspruch in sich, etwa: Gemüt kontra Verstand, weil Gedanken in uns oft tiefere Gefühle erzeugen als die bloße Sinnesanschauung. Das kann man beispielsweise bei Blumenbetrachtungen feststellen. Das Erleben der Schönheit wird durch das Wunder der Gesetzmäßigkeiten intensiviert, die dem Wachsen und Welken zugrunde liegen und welche durch das Denken erforscht werden können.

In dieser Lebensphase, wie bereits im Zusammenhang mit Taylor Swift bemerkt, «fangen die Menschen an, sich an ein besseres Gestern zu erinnern».[21] Und dabei können wir an die zweite Briefstelle von Goethe denken, wo er von der Ordnung spricht, die er in sein Leben integrieren möchte. In der Tat scheinen in diesen Übergangszeiten zum dreißigsten Jahr hin sich der Seele mächtige Zweifel zu bemächtigen, weil die bunten Farben der Zwanzigerjahre zu verblassen begonnen haben. Dieser scheinbare Verlust ist nur ein Appell an die Seele, sich einen Innenraum weiter zu bauen, damit sich das Ich drinnen frei aufhalten kann, ohne – pointiert ausgesprochen – am Gängelband sinnlicher Ereignisse geführt zu werden. Es entsteht zunächst Distanz zu unserer unmittelbaren sozialen Umwelt und zu uns selber. Eine Distanz, die zunächst recht unangenehm erlebt wird und welche oft unterdrückt wird, unter Umständen mit Alkohol, Medienkonsum, gesteigerter Sexualität oder gar Drogen und anderes. Natürlich können alle diese Ausflüchte schon viel früher auftreten, aber jetzt werden sie Ausdruck einer verstärkten Angst: Wenn mein Sinnenleben mich nicht mehr erfüllt, was bleibt mir dann?

Die sogenannte Midlife-Crisis hebt konkret an. Was kann man da tun?

Zunächst ist Dialog angesagt: beispielsweise mit Menschen, die mir besonders am Herzen liegen oder lagen und die mir in eine kühle Ferne zu entschwinden scheinen. Und vor allen Dingen ist ein Dialog mit mir und mit meiner Geschichte angesagt: Wie bin ich so geworden, wie ich geworden bin? Was möchte ich werden? Wenn «vor jedem steht ein Bild des / das er werden soll»: Was – wer bin ich? Etwas pauschal formuliert, aber am Leben abgelesen, kann man sagen, dass eine Hauptaufgabe in den Jahren der biografischen Weiterentwicklung der Verstandes- und Gemütsseele darin besteht, *Selbsterkenntnis* mutig zu praktizieren. Dadurch werden das vorhin geschilderte Selbstgefühl und die Seelenweite von *Seelentiefe* ergänzt und gewissermaßen gesteigert.

Wir ruhen in uns. Im Ich-Raum.

Nun meldet sich die *Bewusstseinsseele* (36 – 42) zu Wort, indem sie paradoxerweise nichts sagt. In der als gähnend empfundenen Seelenleere ist man ganz allein: Windstille, wenn das Leben ein Schiff ist, Nebelschwaden, wenn unsere Biografie einer Bergbesteigung ähnelt, oder Stillstand, falls wir uns auf einem Gewässer befinden. Überall die gleiche Signatur – es geht nicht von selber weiter. Wie im zweiten Kapitel bereits angedeutet, muss jetzt unser Ich entweder Wind schaffen oder die Nebelschwaden durch eine innere Sonne vertreiben. Oder es entdeckt in sich eine bisher verborgene Energiequelle.

Bettina Wulf, die ehemalige Gattin des Altbundespräsidenten Christian Wulf, äußert sich in einem kurzen Interview im Zusammenhang mit der Erscheinung ihrer Autobiografie, die sie mit einem Co-Autor verfasst hat, folgendermaßen: «Es ist an der Zeit, das Leben aufzuräumen und mutige Entscheidungen zu treffen. Heino Masemann und ich haben erfahren, wie vielschichtig und krisenhaft die Zeit sein kann, die wir als Lebensmitte bezeichnen. Und wie beglückend es ist, irgendwann zu spüren, wohin die eigene Reise geht.»[22]

Bei den Worten «wohin die Reise geht» denkt man gleich an den roten Faden der eigenen Biografie. Und wenn wir von mutigen Entscheidungen hören, dann wissen wir auch, dass wir uns in diesen Jahren, wenn wir wirklich weiterkommen wollen, gleichsam am eigenen Schopf packen müssen, um aus der oft stagnierenden Lage, in der wir uns befinden mögen, herauszukommen. Es ist wichtig, dass wir die in uns ruhende *Selbstdynamik* aktivieren; dann wird uns die sich weiterentwickelnde Bewusstseinsseele in die uns angemessene *Seelenhöhe* führen. Denn das tiefere Lebenspotenzial, das in einer zunächst noch verborgenen Schicht unseres Ich wie in einer Nussschale veranlagt ist, kann nur durch Eigentätigkeit zur Wirksamkeit kommen. Ein Nicht-weiter-kommen-Wollen, durch was auch bedingt, bringt Stillstand und Schwäche in unser Leben. Das Leben – die eigene Biografie – ist auch einem Wasserstrom in dem Sinne vergleichbar, der bei absoluter Stagnation anfängt übel zu riechen.

Somit hätten wir – zusammengefasst –, vom Aspekt der Ich-Entfaltung betrachtet, etwa ab dem 21. Lebensjahr folgende Stadien, die sich immer wieder durchdringen und ergänzen:

Empfindungsseele	→	Selbstgefühl	→	Seelen-Weite
Verstandes- und Gemütsseele	→	Selbsterkenntnis	→	Seelen-Tiefe
Bewusstseinsseele	→	Selbstdynamik	→	Seelen-Höhe

Nun ist gerade die Gestaltung der Bewusstseinsseele nicht nur für die eben erwähnte Lebensphase von 35 bis 42 und darüber hinaus von zentraler Bedeutung. Vom Aspekt der Bewusstseinsentwicklung der Menschheit im historischen Kontext bedeutet sie eine aktuelle und zukünftige evolutionäre Aufgabe allerersten Ranges. Dadurch wird unser aller Leben, gleichviel in welcher Lebensperiode wir uns befinden, von dieser Aufgabe geprägt. Rudolf Steiner hat im Sinne eines historischen Gewissens oft über die Bewusstseinsentwicklung der Menschheit gesprochen. Während die Anlage zur Empfindungsseele als Ich-Träger u.a. in der altägyptischen Kulturepoche zum Aufblühen kam, verbreitete sich die Fähigkeit, denkerisch sich selbst und die Welt zu verstehen, etwa vom Beginn der griechischen Kultur im achten vorchristlichen Jahrhundert bis ins Hochmittelalter hinein. Ab dem Beginn der Neuzeit bahnt sich die recht komplexe Entdeckung der Bewusstseinsseele an mit ihrem zu entfaltenden Ich-Keim,[23] in dem unser Werde-Bild, unser *roter Faden als innere Stimme* und unsere potenzielle *Freiheit* ihrer Entzauberung harren.

Die Ich-Erfahrung in der Bewusstseinsseele hat zunächst zwei Pole: die reine, nackte Erfahrung der materiellen Sinneswelt ohne die Wogen der Empfindungsseele und die nüchterne, nackte Erfahrung einer Selbsterkenntnis, ohne Tiefe der Gemütsseele. Man ist gleichsam, um einen Ausdruck Herders anzuwenden, ein Freigelassener der Schöpfung. Das ist gewissermaßen das Geschenk des Lebens in einem materiellen Körper. Aber die Seele erlebt Einsamkeit und Verlassenheit, neben Zweifel, Angst und Hoffnungslosigkeit. Man kann die Bewusstseinsseele auch als *Grenz-Seele* bezeichnen. Denn sie bewegt sich an der Grenze des an der Welt sinnlich Erfahrbaren und des im Kosmos und im Ich geistig erlebbaren Seinsgrund der Welt.

Ein Denker der Renaissance, Giovanni Pico della Mirandola (1463 – 1494), hat im Anbruch der Neuzeit dieses Bipolare in einer eigenen Variation zum Ausdruck gebracht. Diese Worte könnte man auch ein Manifest der Bewusstseinsseele nennen. Es geht um die Würde des Menschen und über seine Stellung im Kosmos. Und um die schaffende Selbstdynamik. Er stellt es dar in einer Rede, die Gott an den Menschen richtet:

«Wir haben dir keinen bestimmten Wohnsitz, noch ein eigenes Gesicht, noch irgendeine besondere Gabe verliehen, o Adam, damit du jeden beliebigen Wohnsitz, jedes beliebige Gesicht und alle Gaben, die du dir sicher wünschst, auch nach deinem Willen und nach deiner eigenen Meinung haben und besitzen mögest. Den übrigen Wesen ist ihre Natur durch die von uns vorgeschriebenen Gesetze bestimmt und wird dadurch in Schranken gehalten. Du bist durch keinerlei unüberwindliche Schranken gehemmt, sondern du sollst nach deinem eigenen freien Willen, in dessen Hand ich dein Geschick gelegt habe, sogar jene Natur dir selbst vorherbestimmen. Ich habe dich in die Mitte der Welt gesetzt, damit du von dort bequem um dich schaust, was es alles in dieser Welt gibt. Wir haben dich weder als einen Himmlischen noch als einen Irdischen, weder als einen Sterblichen noch einen Unsterblichen geschaffen, damit du als dein eigener, vollkommen frei und ehrenhalber schaltender Bildhauer und Dichter dir selbst die Form bestimmst, in der du zu leben wünschst. Es steht dir frei, in die Unterwelt des Viehes zu entarten. Es steht dir ebenso frei, in die höhere Welt des Göttlichen dich durch den Entschluss deines eigenen Geistes zu erheben.»[24]

Somit erscheint jeder von uns nicht allein im Banne der Prometheus-Epimetheus-Spannung, sondern auch als Grenzgänger zwischen Materie und Geist, «Vieh» und Gott, Wirklichkeit und Ideal.

Ja, weil Ideale Ausdruck dessen sein können, was wir zu werden vermögen oder Wegweiser im Sinne unseres roten Fadens: als Ausdruck des Gesetzes unseres «Seins und Wirkens».[25]

Wolfgang Borchert, der in seinem Stück *Draußen vor der Tür* im heimkehrenden Soldaten Beckmann ein ergreifendes Bild der Dramatik im Grenzgebiet der Bewusstseinsseele hinterlassen hat, schrieb einmal in einem seiner Gedichte:

> «Ich möchte Leuchtturm sein
> in Nacht und Wind –
> für Dorsch und Stint,
> für jedes Boot –
> und ich bin doch selbst
> ein Schiff in Not!»[26]

Man könnte noch recht viele Beispiele anführen, aber ich glaube, dass mittlerweile das Wesen der sich entwickelnden Bewusstseinsseele klar genug skizziert worden ist. In den nächsten Kapiteln werde ich versuchen es zu vertiefen.

Bevor ich jetzt zur Besprechung der nächsten Jahrsiebte fortfahre, möchte ich gern ein Beispiel anführen, wie auch Durchbrüche zum Übersinnlichen aus der Dramatik der Bewusstseinsseele möglich sind.

Martin Luther King hielt am Tag vor seinem Tod eine Ansprache vor 2000 Menschen in Memphis. Es ging unter anderem um Vorbereitungen für einen neuen Marsch. Er war 39 Jahre alt. Er sagte unter anderem: «Ich weiß auch nicht, was jetzt geschehen wird. Wir haben einige schwierige Tage vor uns. Aber das macht mir weiter nichts aus. Ich bin auf der Spitze des Berges gewesen. Ich sorge mich nicht [...] Ich will lediglich Gottes Willen erfüllen. Und er hat mir erlaubt, zu dem Gipfel hinaufzusteigen. Ich habe mich umgeschaut und das

Gelobte Land gesehen [...] Deshalb bin ich froh heute Abend. Ich habe keine Angst. Ich fürchte niemanden. Meine Augen haben den Ruhm und die Ankunft des Herrn geschaut.»[27] Das Wort «glory», richtig übersetzt, heißt in diesem Kontext nicht «Ruhm», sondern *Lichtglanz, Herrlichkeit.*

Diese erschütternden Worte offenbaren einen Zeitgenossen, der in der tieferen Dimension seines Selbst die Kraft fand, Angst und Sorge zu überwinden. Und dort, «auf der Spitze des Berges», hat sich ihm derjenige offenbart, in dem wir alle «leben und weben und sind», wie Paulus einst den Athenern auf dem Areopag sagte.[28]

Auf dieses Thema, auf die christliche Dimension der Biografie, werde ich später eingehen. Denn das erfordert eine eingehende Behandlung, die erst dann wirklich Sinn macht, wenn der Bogen des Lebenslaufes zuvor in seiner relativen Ganzheit gezogen worden ist.

Bevor wir nun zu den Vierzigerjahren kommen, möchte ich noch einen weiteren Blick auf den Gesamtkomplex der sogenannten Mondknoten werfen, der im vorigen Kapitel bereits erwähnt wurde.

Wir erinnern uns: Etwa alle 18 Jahre, also ungefähr bei 18 – 19, bei 36 – 37, mit 55 – 56, mit 74 – 75 und gar mit 92 – 93 Jahren ereignet sich, mehr oder weniger stoßartig, eine Befreiung vom Alten, Gewesenen und Gewordenen. Und das betrifft uns zuerst, wie im gesamten Lebenslauf veranlagt, leiblich-seelisch, dann mehr seelisch-geistig, um dann unsere geistige Dimension zunehmend offenzulegen. Es geht eigentlich um die Möglichkeit einer intensiven Neugeburt.

Ich erwähnte bereits den ersten Einschlag in unserer Biografie etwa mit 18 Jahren: ein Traum, eine Reise oder eine Begegnung können Auslöser sein dieser besonderen Art der inneren

Befreiung. Mit etwa 37 Jahren – ich erwähnte bereits Goethes Italienreise als soziale «Beurlaubung» vom Weimarer Hof: Eine Reise, die für ihn eine wahrhaftige Neugeburt zur Folge hatte.

Aber in diesen Zeiten der Lebensmitte, der Midlife-Crisis, kann auch etwas vom eigenen ewigen Genius erlebt werden, von unserer individuellen «geprägten Form, die lebend sich entwickelt». Es können sogar Erinnerungen an eine frühere Inkarnation auftauchen. Oder anderes: der rote Faden.

Das Thema Reinkarnation und Schicksal werde ich im Zusammenhang mit der Biografie als Mysterienort näher betrachten. Jetzt soll nur ein Hinweis auf solche Möglichkeiten der Lebensmitte gegeben werden. Sicher kann es auch früher geschehen, dass man spirituelle Erlebnisse dieser Art hat, aber hier, mitten in der Entwicklung der eigenen Bewusstseinsseele, haben sie einen besonderen existenziellen Charakter. Dieser biografische Zug verstärkt sich gewissermaßen im Laufe der weiteren Mondknoten-Wirkungen. Etwa mit 55 – 56 kann es sogar zu einer gänzlichen Befreiung von der Welt, in der wir leben, kommen. Ein Tod, der, wie mir einmal ein Arzt bestätigte, oft durch einen Infarkt verursacht wird. Natürlich: Auch hier ist jedes Ich eine Gattung für sich.

Und mit 74 – 75 oder 92 – 93 Jahren?

Das Urgesetz der sich dadurch steigernden «Erweckungen» in die übersinnliche Dimension des eigenen «Ich», aber auch von Natur und Kosmos, gilt nach wie vor, ist aber zunehmend abhängig von unserem eigenen Willen beziehungsweise von der Ausrichtung, die wir bis dahin unserem Leben gegeben haben. Ob wir Materialisten sind oder ob wir Mensch und Welt in ihrer physisch-seelisch-geistigen Grundstruktur erkennen oder anerkennen, spielt dabei eine zentrale Rolle.

Die Welt an sich und die treibenden Kräfte unseres Lebens stehen niemals still. Es hängt, wie bereits ausgeführt, von uns selber ab, ob wir irgendwann bereit sind, Verantwortung für unser Leben zu übernehmen und in uns selber zu gründen, ohne Anlehnung an unseren gesellschaftlichen Status, Titel oder Herkunft, die oft als Krücken für mangelnde Ich-Kreativität fungieren. Ich muss hier an einen Vortrag von Jacques Lusseyran denken, der über erschütternde Erfahrungen während seiner Gefangenschaft in der Zeit des Zweiten Weltkrieges berichtet.

Jacques Lusseyran war ein Widerstandskämpfer in Frankreich, der nach dem Krieg Philosophieprofessor und Professor für französische Literatur wurde. Er war mit acht Jahren blind geworden.

Die Widerstandsgruppe, der er angehörte, wurde von einem V-Mann der Nazis verraten. Im Januar 1944 wurde er mit 2000 anderen Franzosen nach Buchenwald deportiert. Nach einer gründlichen Desinfektion wurden sie nach und nach in einen anderen Saal hineingestoßen. Dort wurden sie geschoren:

«Plötzlich, mitten in diesem lächerlichen Vorgang des Geschorenwerdens, wurde ich von Bestürzung befallen, weil ich Schluchzlaute vernehmen musste. Ja, tatsächlich, mehrere Männer weinten. Einer davon war ein angesehener Arzt, der andere ein Bäckermeister, der dritte ein Professor der Soziologie [...] also gewiss sehr voneinander verschiedene Menschen. Ja, sie waren wirklich sehr verschieden, und doch weinten sie zusammen, und ihre Tränen schienen zu sagen: ‹Lasst mir doch wenigstens das Letzte, was ich habe.›

Ich habe in den nächsten Tagen alles daran gesetzt, um diese Männer befragen zu können [...] Die Antwort des Bäckers und die des Soziologen waren im Wortlaut etwa gleich. Sie wurde widerwillig, zögernd, aber klar ausgesprochen: Ohne ihre persönliche Kleidung, ohne ihre Haare fühlten diese Menschen sich im eigentlichen Sinne gar nicht mehr lebend. Niemand könne sie doch mehr erkennen, wenn sie ihrer äußeren Erscheinung entblößt seien. Dieser Gedanke versetzte sie in eine solche Armseligkeit, dass sie ihn einfach nicht ertragen konnten. Aber das ist noch nicht das Ende meines Berichtes. Der Zwischenfall mit diesen in Tränen ausbrechenden Männern hat am 24. Januar stattgefunden. Am 1. März waren sie alle schon nicht mehr am Leben. Ich muss anführen, dass die Lebensbedingungen in Buchenwald sehr hart waren. Aber sie waren für diese Männer nicht härter gewesen als für alle andern. Sie waren – wie hätte ich dies nicht verstehen können – gestorben an Ich-Mangel, am Aussetzen des Ich.»[29]

Man spricht heute in der Psychologie von Resilienz, wenn von der seelischen Widerstandskraft die Rede ist. Verwandte Ausdrücke, gewissermaßen als weitere Perspektiven des «Ich», sind: Bewältigungsstrategie, Salutogenese, Selbsterhaltung und vor allem der Wille zur freien Selbstgestaltung: einmal im Hinblick auf die Souveränität und Integrität der Persönlichkeit, die es auch vor Exzessen jedweder Art zu schützen gilt und dann mit dem stetigen Ziel der Entwicklung des in unserem Ich veranlagten «Bild dessen», was wir werden sollen.

In Rudolf Steiners *Philosophie der Freiheit* finden wir eine konzise Darstellung von den drei evolutionären Stufen der Menschheit zur Freiheit hin, mit der ich einen Übergang zu den eigentlichen Vierzigerjahren schaffen möchte, zumal diese Stufen eine immer stärkere Relevanz bekommen: «Die Natur macht aus dem Menschen bloß ein Naturwesen; die Gesellschaft ein gesetzmäßig handelndes; ein *freies* Wesen kann er nur *selbst* aus sich machen. Die Natur lässt den Menschen in einem gewissen Stadium seiner Entwickelung aus ihren Fesseln los; die Gesellschaft führt diese Entwickelung bis zu einem weiteren Punkte; den letzten Schliff kann nur der Mensch sich selber geben.»[30]

Nun, so gesehen, stellt sich heraus, dass die *Midlife-Crisis* als Entdeckung der eigenen tieferen Dimension eine Art Dauerzustand des modernen Menschen ist. Denn Freiheit in diesem Sinne ist die Luft, die unsere Bewusstseinsseele zum Leben und zum weiteren Wachsen braucht. Insofern sind jetzt die Jahre ab 40 in gewissem Sinn bereits eingeläutet, denn ein wirklich erfülltes Leben braucht gerade in diesen Jahren einen festen Wagenlenker der Seele: ein Ich, das die wahre Dynamik der Biografie entdeckt hat.

Sprachen wir bisher von Seelenweite, Seelentiefe und Seelenhöhe als Sammelbegriff unterschiedlicher Ergebnisse auf unserem Lebensweg, so gibt es noch weitere Goldkörner, die wir finden können.

Die Vierzigerjahre bedeuten in gewissem Sinn eine Art Oktave zu bereits absolvierten Entwicklungsstadien unserer Biografie. Man könnte füglich von drei Grundbewegungen des «Ich» sprechen, die gewissermaßen rhythmisch den ganzen Lebensgang durchpulsieren, und zwar offenkundig sehr intensiv am Anfang des Lebens, um dann nach und nach etwas weniger konturiert ihre Wirkung fortzusetzen. Ich meine: *Weite, Tiefe* und *Höhe*. Oder auch, wie bereits erwähnt, *Ausdehnung, Verinnerlichung* und *Steigerung*.

Wir erinnern uns: *Weitet* sich beim Kleinkind, durch die Aufrechte und das Gehen der physische Radius seiner Erfahrungswelt aus, so sind etwa die Jahre von 7 bis 14 Jahre der

Verinnerlichung beziehungsweise der Seelengeburt gewidmet. Und in den Jahren, die folgen, *steigert* sich das Selbstverständnis, mitbedingt durch ein intensives Erwachen eigener Denkkräfte, und folglich auch das Weltverständnis.

Der mehr und mehr selbstbewusste junge Mensch erfährt von 21 bis 42 in etwa die bereits dargestellten Stufen der *Seelenweite*, *Seelentiefe* als Verinnerlichung und der *Seelenhöhe*. Letztere im Sinne einer Steigerung der eigenen Ich-Kraft – nicht das «Ego» ist jetzt gemeint – bis hin zu einer möglichen Entdeckung der geistig-kosmischen Dimension unserer Individualität: als Frucht der Bewusstseinsseele nach der Leere der Midlife-Crisis. Somit, etwa mit 42, beginnt ein neuer Zyklus der *Ausdehnung*, der *Verinnerlichung* und der *Steigerung*.

Bei allen diesen Vergleichen ist es natürlich notwendig, dass die Begriffe wie Ausdehnung und andere gewissermaßen beweglich-elastisch gehandhabt werden. Denn sie spiegeln sozusagen die unserem Ich innewohnende Wandlungskraft ab, ihre Metamorphosen-Potenz.

Es wurde hier bereits über die Höherentwicklung des Menschen im Sinne einer intensiven Selbsterziehung gesprochen. Geistselbst, Lebensgeist und Geistesmensch sind jene höheren Wesensglieder, in die sich das Ich hineinmetamorphosieren kann. Von Urzeiten der Erdschöpfung als göttliche Potenzen veranlagt,[31] werden sie von Leben zu Leben von uns mitgewoben. Es ist ein ähnlicher Prozess, auf den Goethe durch seinen *Faust* hinweist: «Was du ererbt von deinen Vätern hast / erwirb es, um es zu besitzen.»[32]

Für die Jahre zwischen 42 und 49 haben wir zunächst mit dem *Geistselbst* zu tun. Dieses Wesensglied wird von Steiner als jene höhere Komponente unseres «Ich» bezeichnet, die sich aus der Verwandlung und Veredelung all unserer Seelenkräfte ergibt, wie sie sich im Denken, Fühlen und Wollen zusammenfassen lassen.

Nun erobert der vierzigjährige Mensch zunehmend die Bühnen der Welt. Unter Umständen hat er eine Machtposition im Beruf erreicht oder er ist einfach auf der Höhe seiner Möglichkeiten, selbst wenn er sportlich nicht mehr die gleichen Ziele erreichen kann. Denn die verborgene Botschaft dieser Jahre lautet nicht primär Quantität, sondern Qualität, nicht allein Durchsetzungsvermögen, sondern Achtsamkeit, und nicht nur Eigengewinn, sondern Verantwortung. Das ist eben die Zeit der *eminent leaders,* wovon Bernard Lievegoed spricht.[33]

Der *Lebensgeist* (50 – 56) stellt eine noch tiefere Ver-ichung dessen dar, was weisheitsvoll in den Lebensprozessen unserer gesamten Leiblichkeit aufbauend, abbauend, von der Befruchtung bis zum Tod rhythmisch lenkend und gestaltend durch das ganze Leben hindurch wirkt. Die im Ich schlummernden höheren Kräfte bewirken gleichsam die Entzauberung dessen, was in sich auch Kräfte der Heilung, der Regeneration trägt. Es handelt sich vornehmlich um spirituelle Lichtkräfte, die wir auch ins Bewusstsein heben können. Denn letzten Endes handelt es sich um Metamorphosen unseres Bewusstseins. In künftigen Zeiten der Erdenentwicklung werden nach und nach alle diese Kräfte vollständige Bestandteile unserer wachen Ichheit geworden sein. Ihr eigentliches Wesen wird sich zunehmend als Logos-Liebe erweisen.

Und schließlich, im *Geistesmenschen* (57 – 63), dessen Bildung in fernste Zukunft hinweist, werden wir alle Kräfte, die den physischen Leib konstituieren, ins Ich aufgenommen und in Unverweslichkeit unseres Leibes metamorphosiert haben.

Natürlich wühlen im «Ego», als Kellerraum unserer Individualität, Kräfte, die alles andere sind als hehre Ideale des Menschentums. Und doch sind diese Kräfte, die man auch als das latent Böse bezeichnen könnte, letzten Endes nur die Kohle, der Kohlenstoff, aus dem eines Tages der Diamant einer neuen Existenz gebildet sein wird. Wenn man also Ideale als etwas ansieht, woran wir uns orientieren können, oder gar als Aufdämmern unserer zu verwirklichenden höheren, dreigegliederten Ichheit, dann sagen wir uns – und das kann besonders ab 40 bis 42 wirksam werden: Hast du dich zu behaupten gelernt, so vermagst du jetzt deine Macht in innere Verantwortung dahingehend zu verwandeln, als du einen Teil deiner Seele zum Anderen hin erweiterst. Du kannst deshalb ein «eminent leader» werden oder auch schlechthin ein sozial produktiver Mensch – statt eines Parasiten – wenn die Oktave der errungenen Seelenweite erklingt, wenn die Seelenweite *Geistesweite* wird, im Sinne eines Etappensiegs auf dem Weg der *Selbstlosigkeit.* Diese helle Glocke klingt tatsächlich, wenn auch sehr leise, in diesem Jahrsiebt. Das *Geistselbst* wird zunehmend erfahrbar.

Ab 49 bis 56 – man denke hier auch an den dritten Mondknoten – dürften wir anstreben, die errungene Seelentiefe dahingehend auszuloten, dass die aufleuchtende Selbsterkenntnis uns zugleich unseren roten Faden ins Bewusstsein hebt. *Geistestiefe* ermöglicht uns dann, im Sinne dieses Fadens das weitere Leben zu gestalten. Ziele können sichtbar werden, die uns eigentlich, mehr oder weniger bewusst, immer begleitet haben: Das «Bild» erhält klare Konturen, und dadurch wird in uns eine weitere Facette der Selbstlosigkeit, die *Selbsthingabe* an unsere Ziele und zugleich an die Ego-freie Weisheit bewusst, die die Regie unserer Biografie in ihren Händen gehabt hat: Der *Lebensgeist* erwacht.

Und, was die Jahre von 56 bis 63 anbelangt, die Jahre eines fortschreitenden Alterungsprozesses, können wir im Spannungsfeld der Auseinandersetzung mit unserer Vergangenheit und mit unserer immer kürzer werdenden biologischen Zukunft, die errungene Seelenhöhe in wahrhaftige *Geisteshöhe* steigern. Es ist wie eine innere Auferstehung im Vorglanz des künftigen *Geistesmenschen*, der Überwindung des Todes.

Alle diese Prozesse können bis in die Siebziger-, Achtziger und weitere Jahre fortgesetzt werden.

Das geschieht durch intensive Lebensbejahung, trotz Älterwerden oder Krankheit. Durch eine *Seinshingabe* an die Kräfte, die Mensch und All einerseits erzeugt und gestaltet und andererseits in uns den Keim der Freiheit eingesenkt haben. Ich meine hier, dass wir ohne eine echte, tragende spirituelle Weltanschauung nur in Nihilismus, Verzweiflung, Pessimismus oder gar Selbstvernichtung hineinstürzen können. Jetzt oder in den Jahren danach. Denn die Zeit tragender Jungendkräfte ist eigentlich vorbei, trotz allerlei Illusionen durch Werbung oder Pseudowissenschaft. Manches in dieser Richtung werde ich in den nächsten Kapiteln näher betrachten.

Um das Bild der drei höheren Wesensglieder etwas zu vervollständigen – denn sie sind unausschöpflich – können wir an das im vorigen Kapitel Erwähnte anknüpfen: Das Geistselbst ist der Ort, in dem sich die *Wahrheit*, die im Mensch und All waltet, mit uns verbindet. Im Lebensgeist wirken unter anderem starke Impulse der kosmischen *Liebe*, wie sie in uns veranlagt wurde und die *Opferkraft* des Geistesmenschen ruht gewissermaßen in kaum auslotbaren Tiefen unseres Selbst.

Gewiss sind das nur grobe Andeutungen, aber sie können von jedem von uns weitergedacht und ergänzt werden. Denn es ist für die Gestaltung unserer Biografie von unschätzbarer

Bedeutung zu wissen oder zu ahnen, dass wir alle göttlichen Geschlechtes sind, wie Paulus sagen würde.

Hier ein Schema, das der Lesende selber denk-dynamisch von Schicht zu Schicht innerlich ergänzen mag. Ein Teil davon ist ja schon dargestellt worden. Der Vollständigkeit halber schreibe ich es in seiner Ganzheit auf:

Empfindungsseele	Selbstgefühl	Seelenweite
Verstandes- und Gemütsseele	Selbsterkenntnis	Seelentiefe
Bewusstseinsseele	Selbstdynamik	Seelenhöhe
Geistselbst	Selbstlosigkeit	Geistesweite
Lebensgeist	Selbsthingabe	Geistestiefe
Geistesmensch	Seinshingabe	Geisteshöhe

Im meditativen Durchdenken dieser Wandlungen kann sich nach und nach ein inneres Auge bilden, um bei biografischen Betrachtungen festzustellen, was jeweils «dran» ist. Denn es ist unser «Ich», das dem Ganzen Inhalt und Fülle verleiht. Immer ist es unser Ich, das ungeheuer viele Facetten aufweisen kann: als Lenker, als Bergsteiger, als Gärtner oder auch als Komponist unserer Biografie. Und es ist unser Ich, das trotz großer und kleiner Krisen, durch Erfolge und Misserfolge, durch Durchbrüche und Versagen letzten Endes immer strebt, das Bild des, was es werden soll, zu verwirklichen. Natürlich gibt es auch Abgründe des «Ego». Aber jeder von uns kann zu einem relativen Frieden, ja biografischen «Frieden» kommen, wenn ihm bewusst wird, dass wir immer auf dem Weg und längst noch nicht fertig sind. Unter Einbeziehung des Gedankens von Reinkarnation und Schicksal können alle besprochenen Lebensstufen unendlich erweitert und vertieft werden. Sonst bleibt alle biografische Betrachtung Stückwerk.

4. Herausforderungen, Krisen, Überwindungen

Die ersten Kapitel sind ein Versuch, nach und nach in die Tiefen unserer Lebensgeschichte einzudringen. Ich habe zuerst ein allgemeines Bild des Lebenslaufes entworfen, um dann, darauf aufbauend, einige Rhythmen und Gesetze der Biografie genauer hervorzuheben. Es ging mir dabei weniger darum, ein fertiges Schema mit allen dazugehörigen Gliederungen und Konkordanzen aufzustellen, als vielmehr eine lebendig-wachsende Figur zu entwerfen, die der lesende von Stufe zu Stufe mit seiner eigenen Erfahrung vergleichen mag. Ich vertraue darauf, dass die von mir angewandte Methode, Kernmotive bestimmter Lebensalter und Lebensreife im Laufe der Darstellung immer näher und höher anzuschauen – gleichsam spiralig oder vom Grundton zur Oktave –, eine brauchbare Anregung sein mag, eigene Anschauungen zu ergänzen oder gar infrage zu stellen. Letzteres vor allem dann, wenn man selber Lebensfragen bewegt, die an die Fundamente der eigenen Biografie bereits rütteln; denn wir sind alle, im Zeitalter der Bewusstseinsseele, Goldsucher mit ungewissem Erfolg, sei es, dass wir das Gold in uns selber suchen oder außerhalb oder gar in beiden Richtungen. Ich möchte jetzt einiges neu zusammenfassen, was Schwerpunkte der bisherigen Ausführungen gewesen sind.

Wir erinnern uns, dass der Fokus der Betrachtungen sich sehr stark auf das «Ich» gerichtet hat, auf jene ideell-konkrete «Substanz», die jede Biografie zum Unikat, zum Rätsel macht.

Und was die anderen Seelenkräfte anbelangt, bin ich von Bezeichnungen ausgegangen, die Rudolf Steiner in unterschiedlichen anthropologisch-geisteswissenschaftlichen Darstellungen verwendet hat, wie beispielsweise Empfindungsseele, Verstandes- und Gemütsseele und Bewusstseinsseele, als Funktionen des einheitlichen Seelenorganismus. Es wurde auch vom «Geist» gesprochen, der in der allgemeinen einschlägigen Literatur in der Regel als deckungsgleich mit «Seele» angesehen wird. Nun ist es jetzt wichtig, eine gewisse Trennungslinie zwischen diesen beiden Innendimensionen des Menschen deutlicher zu ziehen, als es bisher gewesen ist. In seiner *Theosophie* gliedert Steiner beide Begriffe folgendermaßen: Der physische Leib ermöglicht uns Sinneseindrücke, beispielsweise ein Blumenfeld oder den gestirnten Himmel. Die Seele erlebt dabei eine Skala von unterschiedlichen Gefühlen, und der Geist erkennt Gesetze, die nicht der Seele angehören, sondern die der Natur und dem Kosmos innewohnen. Daraus folgert er: «So ist der Mensch Bürger *dreier Welten.* Durch seinen *Leib* gehört er der Welt an, die er auch mit seinem Leibe wahrnimmt; durch seine *Seele* baut er sich seine eigene Welt auf; durch seinen *Geist* offenbart sich ihm eine Welt, die über die beiden anderen erhaben ist.»[34] Somit erlebt sich die Seele, mit ihrem Ich im Mittelpunkt, einerseits durch den Leib an die sinnliche Welt hingegeben und andererseits dank dem Geist einer anderen Ordnung angehörig.

Es ist die klassische Polarität des echten faustischen, des modernen Menschen:

> «Zwei Seelen wohnen, ach! in meiner Brust,
> Die eine will sich von der andern trennen:
> Die eine hält in derber Liebeslust

Sich an die Welt mit klammernden Organen;
Die andre hebt gewaltsam sich vom Dust
Zu den Gefilden hoher Ahnen.»[35]

Andererseits, was die *Ich-Dimension* anbelangt, muss man aus diesem Dualismus in das bereits verschiedentlich besprochene Trinitarische unseres Geistig-Seelischen einmünden. Man kann also sagen: Mein Ich kann ich durch das Erleben der Körperlichkeit *empfinden* – «Ich habe Hunger» oder «Ich erlebe Schönheit». Ferner kann ich es durch mein Denken *erkunden* – «Wie habe ich mich in den letzten Jahren verändert». Aber *geistig ergreifen,* in dem Augenblick, wie es in meinem Bewusstsein auftaucht – im Ich-bin-Sagen –, kann ich es nur durch mich selbst. Daher kann sich die Tätigkeit der Bewusstseinsseele nicht primär im Sinnlichen abspielen oder in der gewöhnlichen Denkbetätigung, obwohl sie auch beide umfasst. Sie ist der Ort reinsten, in sich geschlossenen Ich-Bewusstseins und dadurch Quellort existenzieller Einsamkeit. Mögen uns noch die Kräfte unserer biologischen oder kulturellen Herkunft identitätsstiftend tragen oder das gemeinschaftsbildende Element einer gemeinsamen Sprache und unseres sozialen Status: Irgendwann, früher oder später, sind wir alle wie Beckmann, gleichviel wie der Weg gewesen ist, der uns zu ihm geführt hat.

Wir erinnern uns an das bewegende Drama *Draußen vor der Tür* von Wolfgang Borchert. Ein Soldat, Beckmann, kehrt nach drei Jahren Sehnsucht und Hunger, Verzweiflung und Hoffnung aus dem Zweiten Weltkrieg zurück. Er ist einer unter vielen. Alle Türen, an die er klopft, sind verschlossen. Seine Frau ist nicht mehr seine Frau, die Eltern sind tot: Er ist plötzlich ein Namenloser, den niemand kennt, den niemand in sein Haus lässt, ein Mensch plötzlich ohne Identität, der an der grausamen

Gleichgültigkeit seiner Umgebung zerbricht. Gott ist tot, Liebe gibt es nicht mehr, und Selbstmord scheint der einzige Ausweg zu sein. Gegen Ende des Stückes, in einem Ausbruch namenloser Verzweiflung, ruft er aus: «Hab ich kein Recht auf meinen Tod? Hab ich kein Recht auf meinen Selbstmord? Soll ich mich weiter morden lassen und weiter morden? Wohin soll ich denn? Wovon soll ich leben? Mit wem? Für was? Wohin sollen wir auf dieser Welt? Verraten sind wir. Furchtbar verraten.»[36]

Am 21. November 1947, einen Tag nach Borcherts Tod – er starb mit 26 Jahren – fand die Uraufführung des Dramas in den Hamburger Kammerspielen, die ein großes Echo hervorrief, statt. Einige Monate davor war das Stück als Hörspiel gesendet worden und hatte bereits eine große Welle von Zustimmung deutschlandweit ausgelöst.

Borchert selber war ein physisch und seelisch verletzter Heimkehrer gewesen. An der Ostfront verwundet und erkrankt, war er mehrfach wegen «Zersetzung» verhaftet worden. Er starb während eines Kuraufenthalts in der Schweiz, den hauptsächlich seine Verleger ermöglicht hatten.

Nach der Uraufführung folgten im Laufe der Jahrzehnte unzählige Aufführungen. Viele spürten die symbolische Bedeutung dieser tragischen Geschichte jenseits der damals sehr aktuellen Thematik.

In der Tat zeigt das Stück die Grenzsituation des heutigen Menschen, der mehr und mehr in der Gefahr ist, zum Trabanten einer globalisierten Welt zu werden, die nur Eigengewinn zu kennen scheint. Gehören nicht Worte wie Identitätsverlust und Identitätssuche, oder sich selbst neu erfinden schon längst in das Alltagsvokabular? Stehen nicht unzählige Menschen durch Trennungen, Kündigungen, Mobbing «draußen vor der Tür»? Geschweige denn die durch Kriege, Armut und Gewalt verursachten Flüchtlingsströme? Borchert hatte sehr früh die existenzielle Einsamkeit der Bewusstseinsseele kennengelernt, aber auch die andere Seite von ihr, die Öffnung nach Oben:

«Die Erde sinkt zurück,
die Fesseln und die Schmerzen:
ich bin am Himmel Stern geworden
und fühl im All den Schlag
von Gottes weitem Herzen.»[37]

Borcherts Einkerkerung hing mit seiner Liebe zur Wahrheit zusammen und mit der Treue zu seinen Idealen. Für längere Zeit lag er im Nürnberger Gefängnis in Erwartung, dass sein Todesurteil vollstreckt würde. Nach einer ob seiner Jugend ihm gewährten, makaber anmutenden «Begnadigung», schickte man ihn wieder nach Russland, obwohl er immer noch krank und schwach war. Aber als Soldat war er unbrauchbar geworden, deshalb entließ man ihn aus der Fronttruppe in die Garnison. Aber dort verriet ihn ein Stubenkamerad wegen einiger politischer Witze, die der geistreiche Borchert von sich gegeben hatte. Es folgten Monate in Berlin-Moabit, bis ihn dann die Amerikaner im Frühling 1945 in den Südwesten Deutschlands brachten. Zu Fuß kam er dann, völlig entkräftet und mit Fieber nach Hamburg zu seinen Eltern. Und was lesen wir von ihm?

«Was morgen ist,
auch wenn es Sorge ist,
ich sage: ja!»[38]

Denken wir kurz an das zurück, was wir über Jacques Lusseyrans Erlebnis im Konzentrationslager gelesen haben, und an das, was er über Ich-Stärke und Ich-Schwäche schrieb, dann spüren wir in Borcherts ungebrochenem Ich-Willen die starke Präsenz einer sich bahnbrechenden Bewusstseinsseele. Man könnte dieses jüngste Glied unseres Ich auch als die Überwinder-Seele bezeichnen. Denn sie wächst nur, wenn wir sie gewissermaßen «schaffen». Als Ich-Seele hat sie nur einen wirklichen Sinn, wenn wir sie aus der Kraft unseres Ich heraus formen beziehungsweise zur Geburt bringen. Gerade das modern-modische Wort «sich neu erfinden» tastet sich bereits an das Wesen der Bewusstseinsseele heran. Ihre Zukunft liegt komplett in unserer Hand, zunächst unabhängig davon, ob Herkunft und Bildung uns dabei Stütze oder Hindernis sind.

Ein schönes, historisches Beispiel der Ich-Autonomie, das Urbildliches zur Ich-Qualität darstellt, haben wir in den überlieferten Worten Martin Luthers beim Reichstag zu Worms.

Luthers 95 Thesen, die er 1517 an die Tür der Wittenberger Schlosskirche nagelte, hatten für große Turbulenzen gesorgt, nicht nur in Rom. Die wiederholten Aufforderungen, zu widerrufen, lehnte der sprachgewaltige Mönch standhaft ab. Nur der Stimme seines Gewissens wollte er gehorchen, sich keiner äußeren Autorität blind beugen. 1521, beim Reichstag, vor dem Kaiser und vor Vertretern einiger europäischer Länder – kirchlichen und weltlichen Würdenträgern – soll er dem Sinne nach gesagt haben: «Hier stehe ich. Ich kann nicht anders. Gott helfe mir. Amen!»

In der Autonomie der Gewissensstimme, in der Besinnung auf sich selbst, entdecken wir erneut Facetten der Bewusstseinsseele, wie sie bereits im Zusammenhang mit dem Humanisten Pico della Mirandola charakterisiert wurde. Durch ihren doppelpoligen Aspekt – offen für die Materie, offen für den Geist – bedingt, habe ich sie auch *Grenz-Seele* genannt. Damals, im

Anbruch der Neuzeit, war sie noch keimhaft veranlagt, obwohl ihre starke Erneuerungspotenz von vielen Geistern geahnt wurde.

In jenen Jahrzehnten beobachten wir tatsächlich eine fortschreitende Zuwendung zur materiellen Seite der Erde und des Kosmos, ein Erwachen an der Würde und Kraft des Individuums im Humanismus, aber auch ein neuartiges Gewahrwerden der geistigen Dimension in Mensch und Natur. Man denke hier an eine Persönlichkeit wie Paracelsus, Zeitgenosse von Luther, oder an Agrippa von Nettesheim und Trithemius von Sponheim. Ich meine vor allen Dingen die damals auch in anderen mutigen Geistern wirkende, echte Rosenkreuzerströmung.[39]

Was nun das erste Moment anbelangt – die Beziehung zur Welt um uns –, sehen wir, dass sich damals der forschende Geist zunehmend dem physischen Himmel und der physischen Erde widmet. Ganz anders als in der Zeit der Romanik und Gotik mit ihrer innigen, oft ausschließlichen Zuwendung zur geistig-göttlichen Welt. Kopernikus, Tycho de Brahe, Kepler und Galilei entwerfen ein neues Bild des Himmels. Kolumbus, Vasco da Gama und viele andere umsegeln den Planeten Erde und erforschen neue Kontinente: Ein neues Bild der Erdkugel, in dem sich der Mensch zunehmend als einsamer Zuschauer erlebt, formt sich nach und nach. Aus dieser Einsamkeit heraus kann sich die Bewusstseinsseele und mit ihr langsam die volle Schöpferkraft des «Ich» entfalten.

«Hier stehe ich. Ich kann nicht anders»: Diesen Spruch kann man als den Beginn einer wahrhaftig umwälzenden Selbstentdeckung, der Entdeckung eines inneren Kontinents, verstehen.

Und wie steht es mit der Offenheit für den Geist?

Die Bewusstseinsseele vermag das geistige Band, das Mensch und Natur verbindet, zur klarsten Erkenntnis zu bringen.

Dadurch erscheinen Geist und Materie als zwei Seiten der einheitlichen Wirklichkeit. Dank der Ich-Seele sind Erkenntnisse über Mensch, Erde und Kosmos möglich, die überall die menschliche Praxis befruchten können, wie die von Rudolf Steiner entworfene Anthroposophie als Erkenntnisweg, «der das Geistige im Menschenwesen zum Geistigen im Weltenall führen möchte».[40] Je tiefer wir, durch diesen Weg oder auch einen anderen im Sinne der Bewusstseinsseele, in diese beiden Dimensionen der Wirklichkeit eintauchen, umso mehr können wir durch unsere Ich-Tätigkeit in Welten von Wahrheit, Schönheit und Güte aufwachen. Reiche künftiger Geistesweite, Geistestiefe und Geisteshöhe, die in uns keimkräftig ruhen. Aber auch dem Geistesschüler, wie jedem anderen Zeitgenossen, bleibt die Gesellschaft des Mephistopheles nicht erspart, der, wie beim *Faust* offenbar «Ein Teil von jener Kraft» ist, «die stets das Böse will und stets das Gute schafft.»

«*Faust:* Was ist mit diesem Rätselwort gemeint?
Mephistopheles: Ich bin der Geist der stets verneint!
Und das mit Recht: denn alles, was entsteht,
Ist wert, dass es zugrunde geht;
Drum besser wär's, dass nichts entstünde.
So ist denn alles, was ihr Sünde,
Zerstörung, kurz das Böse nennt,
Mein eigentliches Element.»[41]

Die Auseinandersetzung mit diesem schillernden Gesellen gehört auch zu den Aufgaben der Kulturepoche, in der wir leben, zur Ära der Bewusstseinsseele in ihrer Doppelpoligkeit.

Denn wenn Persönlichkeiten wie Pico della Mirandola, Luther oder Paracelsus zu dem wahren Frühlicht einer neuen Ich-Entfaltung gehören, so fehlt es nicht an Gegenlichtern oder gar Schatten, wie beispielsweise ein anderer Zeitgenosse, der hochbegabte Niccolò Machiavelli, der für einige Zeit im Dienste der Republik Florenz gestanden hatte und welcher später das berühmte Werk *Der Fürst* schrieb. Dieses Plädoyer für einen von sittlichen Normen losgelösten Machtstaat wurde eine Art literarisches Evergreen totalitärer Staatsführung, die in manchen Ländern bis heute praktiziert wird, selbst wenn von Machiavelli nichts gewusst wird. Denn auf die Inspiration eines Mephistopheles kommt es an. In diesem Buch *Il principe* lesen wir Sätze wie diese: «Ein Mensch, der immer nur das Gute möchte, wird zwangsläufig zugrunde gehen inmitten von so vielen Menschen, die nicht gut sind. Daher muss sich ein Herrscher, wenn er sich behaupten will, zu der Fähigkeit erziehen, nicht allein nach moralischen Gesetzen zu handeln sowie von diesen Gebrauch oder nicht Gebrauch zu machen, je nachdem es die Notwendigkeit erfordert.» Oder: «Denn wenn man alles genau betrachtet, so wird man finden, dass manches, was als Tugend gilt, zum Untergang führt, und dass manches andere, das als Laster gilt, Sicherheit und Wohlstand bringt.» In dieser Tonlage äußert sich Machiavelli auch zu vielen Lebensproblemen, und seine Lebensphilosophie konzentriert sich in diesen Sätzen in ihrem besonders starken mephistophelischen Zug: «Ihr müsst euch nämlich darüber im Klaren sein, dass es zweierlei Arten der Auseinandersetzung gibt: Die erstere entspricht dem Menschen, die letztere den Tieren. Da die erstere oft nicht zum Ziele führt, ist es nötig zur zweiten zu greifen. Deshalb muss ein Herrscher gut verstehen, die Natur des Tieres und des Menschen anzunehmen.» Im Kapitel davor hatte Machiavelli geschrieben: «Ein Herrscher darf sich also um den Vorwurf der Grausamkeit nicht kümmern, wenn er dadurch seine Untertanen in Einigkeit und Ergebenheit halten kann.»[42]

Nicht nur wird also unser «Ich» vom Himmel berührt, sondern auch von dem, was man «kurz das Böse nennt». Selbstverständlich hat ein solcher Geist der Finsternis – in der Anthroposophie wird er *Ahriman* genannt – in die Menschen und in die jeweilige Gesellschaftsform im Laufe der Jahrtausende bereits mächtig eingewirkt. Aber in der Neuzeit und heute, wo es darum geht, aus eigener Kraft das eigene «Ich» zu kräftigen und weiter in Richtung Geistselbst zu entwickeln, wirkt er besonders von innen, verunsichernd, Ängste einflößend, die Zukunft verdüsternd: «Denn alles, was entsteht / Ist wert, dass es zugrunde geht.»

Zum Bösen im weiteren Sinn gehört auch ein anderer Geist, der biblische *Luzifer*, der Adam und Eva die Gottgleichheit in Aussicht stellte. Er wirkt in uns anders als Ahriman, eher antithetisch, Ego-steigernd, Machtgelüste über Menschen und Natur weckend. Diese Macht wirkt auch durch Mephistopheles, vor allem wenn er als Versucher auftritt und wenn er Faust vorgibt, alle seine Wünsche erfüllen zu können und allerlei Illusionen über seine Zukunft schürt. Zusammen bewirken sie das, was man modernen Machiavellismus nennen kann.

Fühlen wir nicht die Gegenwart dieser Mächte in vielen Äußerungen aus Presse, Politik und Kunst?

Aber nicht nur der *Machiavellismus* ist allgegenwärtig.

Zwar ist selbst die Einstellung, die wir zu unserer Biografie haben, oft von Faktoren bestimmt, die nicht leicht zu durchschauen sind – im Positiven wie im Negativen.

Wir können wie Macbeth ausrufen: «Leben ist nur ein wandelnd Schattenbild: Ein armer Komödiant, der spreizt und knirscht sein Stündchen auf der Bühn und dann nicht mehr vernommen wird. Ein Märchen ists, erzählt von einem Dummkopf, voller Klang und Wut, das nichts bedeutet.»[43] Oder aber wie Novalis feststellen: «Unser ganzes Leben ist Gottesdienst.»[44]

Beides steht uns im Sinne Pico della Mirandolas frei.

Wir haben vorhin gesehen, wie es Borchert gelungen ist, trotz fürchterlicher Widrigkeiten seines Schicksals, «ja» zu sagen, und wie «die Fesseln und die Schmerzen» zurücksinken beim Ahnen oder Erleben, dass er «am Himmel Stern geworden». Und wie ein moderner Hiob fühlt er dann «im All den Schlag / von Gottes weitem Herzen».

Es versteht sich, dass nicht jedes heutige Schicksal so oder ähnlich dramatisch verlaufen muss; jedoch meldet sich heute, auch in der stillsten Stube, ein innerer Ruf nach Veränderung, nach einer Art Neufassung der eigenen Identität. Wie viele Bücher in den letzten Jahren handeln davon, wie wir werden können, was wir wirklich sind oder sein könnten! Und wie hat sich die sogenannte Biografie-Arbeit in den letzten dreißig Jahren in unterschiedlichen sozialen Schichten verbreitet, auch wenn sie nicht so genannt wird!

Kürzlich gehe ich an einer Buchhandlung vorbei und schaue mir die zum Teil lustigen, zum Teil ernsten Postkarten an, die draußen zum Verkauf angeboten werden. Und was lese ich auf einer zartgrün gefärbten Karte? «Sei du selbst – Alle anderen gibt es schon.»[45] Das spricht wirklich Bände!

Ich sehe diese Suche nach einer anderen Dimension unseres Ich auch im Zunehmen extremer Sportarten wie Free Solo-Klettern, Base-Jumping, Downhill-Biking und andere, bei denen der Extremsportler sich an seine physische und seelische Leistungsgrenze herantastet. Das im Zuge der vollbrachten Leistung entstehende Glücksgefühl wird auch als Steigerung des eigenen Ich-Potenzials erlebt. Gewissermaßen klassisch schildert Reinhold Messner, dem als einsamen Bergkletterer keine Grenzen gesetzt zu sein schienen, den Tatbestand einer Suche nach einer tiefen Dimension der Ich-Erfahrung.

Die folgenden Zitate sind seinem Buch *Grenzbereich Todeszone* entnommen:[46]

«Inzwischen habe ich als Bergsteiger alles gemacht. Mehr als ich je gemacht haben wollte. Ich habe am Nanga Parbat meinen Bruder verloren und stand um Mitternacht auf dem Gipfel des Mount McKinley. Wie oft habe ich mir vorgenommen, aufzuhören, die Bergsteigerei an den Nagel zu hängen? Ich mache weiter. Bergsteigen – eine Sucht?

Da es mir nicht mehr um Gipfel, um Erfolge geht, wo liegen dann die Motivationen? Braucht mein im Grenzbereich des Todes provoziertes Ich immer neuen ‹Stoff›, bin ich abhängig, süchtig?»[47]

Messner geht dann der Frage konsequent nach und schafft eine Brücke zwischen seinen «seelischen Empfindungen» und einer Sphäre der Erkenntnis, bei der sowohl Neues erfahren wird als auch Tieferes über die Dimension des eigenen Ich.

Wir lesen weiter:

«Dazu beschäftigten mich seit Jahren jene Erlebnisse von Abstürzen, die Bergsteiger scheinbar rein ‹zufällig› überlebt haben, sowie alle visionären Erkenntnisse aus der hintergründigen Alpinliteratur.»[48] [...] «So versuche ich seit zwei Jahren Sturz- und Todeszone-Erfahrungen unverfälscht ins Tal zu retten. Ich habe an Ort und Stelle – und dies bis zum Gipfel des Mount Everest – Empfindungen auf Minitonbänder gesprochen und alle diesbezüglichen eigenen und fremden Berichte über Grenzerfahrungen hier weder an Sinn noch Inhalt geändert.

Mir geht es bei alldem nicht um eine wissenschaftliche Arbeit, nur um die Beleuchtung eines faszinierenden Bereichs der menschlichen Erkenntnismöglichkeit, einer zusätzlichen Dimension des Seins, um das ‹entwaffnend Einfache› des Warum.

Es ist nicht zufällig, dass ich gerade durch die Alpinistik auf diesen Teil des menschlichen Seelenlebens stieß, der außerhalb der normalen bewussten Erfahrungswelt liegt, bin aber sicher, dass dieser in allen Bereichen des Lebens sich auftun kann.»[49]

Und Messner setzte seine Suche fort:

«Ich weiß heute, dass der Mensch [...] ein Prozess, ein wandelbarer Zustand (ist). Ich habe vor dem Leben ebenso wenig Angst wie vor dem Tod und möchte möglichst uneingeschränkt *sein,* nichts wissen, was ich nicht erlebt habe.

Daher auch die Idee zum ‹Everest by fair means›. Ein Sauerstoffgerät, das ich zwischen mich und die Natur schalte, ist wie ein ‹Erfahrungsdämpfer›.

Ich wollte diese Gipfel nicht nur in meiner Tourenliste stehen haben, sondern dort oben mich selbst erleben, noch besser kennenlernen. Bergsteigen ist für mich nicht – wenigstens nicht primär – Flucht aus den unerträglichen Bedingungen der westlichen Industriegesellschaft, Bergsteigen heißt Leben für mich, Leben im Sinne von Selbstäußerung, von Sein.»[50]

Um schließlich, am Ende seines Buches, zu bekennen:

«Nach meinen ersten großen Expeditionen hatte ich mein Leben als erweitert empfunden und war gleichzeitig nachdenklicher geworden. Nach dem Hidden Peak, meinem dritten

Achttausender, der eine beruhigende Wirkung auf mich hatte, glaubte ich zu ahnen, was das Nirwana ist, hatte ich also einen Hauch von dem geatmet, was über das Leben hinausgeht.

Am Everest-Gipfel erlebte ich eine Art seelischen Orgasmus, ein emotionales Ausschwingen in einem raum-zeitlosen Allbewusstsein. Meine Ratio war völlig ausgeschaltet.

Es ist natürlich Unsinn, anzunehmen, jeder Mensch könne bei denselben Voraussetzungen – zum Beispiel Aufstieg zum Everest-Gipfel ohne Sauerstoffgerät – dasselbe erleben. Wenn aber die Grundbedürfnisse der Menschheit einmal befriedigt sind – genügend saubere Luft, Wasser, ruhiger Schlaf und genug Nahrung für alle da sind –, liegt es wohl an jedem Einzelnen selbst, sein seelisches Gleichgewicht zu suchen.

Im individuellen Tun und nicht im Vereinsbergsteigen liegt die Chance zur Selbstentfaltung und damit Selbstfindung.»[51]

«Im individuellen Tun [...] liegt die Chance zur Selbstentfaltung und damit Selbstfindung.» Das sind Worte, die im Zusammenhang mit dem Thema «Bewusstseinsseele» insofern von großer Tragweite sind, wenn wir von dem geschilderten ekstatischen «seelischen Orgasmus» absehen. Oder von dem Zustand: «Meine Ratio war völlig ausgeschaltet.» Denn, wenn die Bewusstseinsseele, das «Ich», den Durchbruch zur tieferen Seinsdimension schafft, dann erwachen wir nicht in einem Ich-verschlingenden «All-bewusstsein», sondern in einer gesteigerten Ich-Sphäre des Göttlichen. Auf der Ebene dieses gesteigerten Ich-bin-Bewusstseins überwinden wir tatsächlich *Zeitgrenzen*, da das Erleben früherer Inkarnationen sich sachgemäß einstellen kann. Und wir transzendieren jegliches *Raum-Erleben*, indem wir bewusst in ein spirituelles All eintauchen, in dem höhere Intelligenzen –

Engel-Hierarchien – uns an ihrem Leben im göttlichen Licht teilhaben lassen.

Erst der Grad unserer «Erleuchtung» bestimmt Weite, Tiefe und Höhe unserer Erfahrung, zumal die Geistwesen der unterschiedlichen Ordnungen sowohl am Zustandekommen unserer Erde beteiligt waren und sind[52] als auch am Gewebe unseres Schicksals.[53] Sie bewirken unseren «roten Faden». Sie sind mit die Tonsetzer unserer Biografien.

Das war jetzt ein notwendiger, kurzer Vor-Griff auf spätere Ausführungen dieses Buches. Was also das Thema dieses Kapitels anbelangt: Herausforderungen, Krisen, Überwindungen, sind die bisher geschilderten Beispiele lediglich individuelle Situationen, die man nicht verallgemeinern darf. Daher betont Messner zu Recht, dass es «an jedem Einzelnen selbst» liegt, «sein seelisches Gleichgewicht zu suchen». Aber auch hier tauchen die bereits dargestellten Grundfaktoren auf, die das Wesen der Bewusstseinsseele ausmachen: Individualität, Initiative, Eigenschöpfertum, Einsamkeit, Selbstsuche, Selbstfindung, Durchbruch zu einer höheren Seins-Dimension, Selbstbestimmung. Aber auch *Seelenöffnung*: der Erde, den Kreaturen der Erde und den Menschen gegenüber. Bevor wir zu diesem speziellen Thema vorschreiten, das im folgenden Kapitel ob seiner Bedeutung für alle Biografie gesondert behandelt wird, möchte ich noch das Thema der biografischen Krisen und ihrer Überwindung vertiefen.

Im Modus der Empfindungsseele sind Krisen unangenehme Lebenssituationen, die mein harmonisches Verhältnis zur Außenwelt empfindlich stören. Sie können auf verschiedenen Alltagsebenen manifest werden. Ich sprach bereits von der Schwelle gegen Ende der Zwanzigerjahre, wenn unsere Empfindungswogen oft zu verebben drohen.

Diese Krise hat hauptsächlich einen *emotionalen* Charakter.

Vieles lässt sich lösen und überwinden, wenn man an die dreifache Formel denkt, die ich als Grundgesetz aller Entwicklung bereits verschiedentlich erwähnt habe: Ausdehnung, Verinnerlichung, Erhöhung. Oder: Evolution, Involution, Steigerung. Denn während jeder Phase der Ausdehnung, am Beispiel der Empfindungsseele, ist der Aufbau eines Innenraumes deshalb lebensnotwendig, weil er uns ermöglicht, ihre weitere Verfeinerung in der Zeit der Lebensmitte mit ihren Zweifeln und mit ihrem *problematischen* Charakter zu erreichen. Dadurch kann eine Steigerung in uns Platz finden, die in den *Ich-Herausforderungen* der Bewusstseinsseele und in ihrer Bewältigung einer wunderbaren Erfüllung gleichkommt.

Anders ausgesprochen: Ich kann auf allen Stufen seelisch-geistigen Daseins meine Handlungshoheit bewahren und intensivieren. Was von außen kommt, kann ich meistens nicht verhindern. Aber was von innen antwortet, gehört meiner inneren Souveränität an. Man kann füglich vom Ich-Willen sprechen, der durch jede noch so kleine Selbstüberwindung angereichert werden kann und welcher die eigentliche Schmiede aller Resilienz ist.

Das Aufbauen von Innenräumen ist das Zauberwort: Die Empfindungsseele wird sich durch hingebungsvolle Naturbetrachtung und intensives Kunsterleben einen *Speicher* für den Herbst des Lebens schaffen. Die Verstandes- und Gemütsseele kann hier überall anknüpfen und durch intensive Denk- und Dialogfähigkeit ein *inneres Eigenheim* aufbauen, in dem ich im Kreise meiner Erinnerungen, Erlebnisse, Begegnungen nach und nach eine geistige Bereicherung erfahren darf – für mich und für meine soziale Umwelt.

Das ist dann umso mehr der Fall, wenn die Initiativkraft

und die Intuitionsfähigkeit der Bewusstseinsseele ihr Licht auf mein ganzes Streben verbreiten und mein Haus in einen *Tempel* verwandeln.

Im Grunde genommen erzeugt jedes Jahrsiebt – im Lichte des Ich gesehen – eine spezifische Herausforderung. Eine solche Herausforderung wird gemeinhin als *Krise* bezeichnet, die stets mit dem Odium des Negativen belegt ist. Sie ist es aber nur, wenn wir an der Oberfläche der Ereignisse haften. Denn, im Sinne der Bewusstseinsseele als dynamische Ich-Seele betrachtet, ist jede Krise lediglich ein Anlass zu ihrer Überwindung – als Chance der Ich-Reifung.

Aber um das Bild dieses jüngsten Seelengliedes zu vervollständigen, über die Selbstheit des Ich hinaus, müssen wir ihre eigentliche Kraftquelle, ihre in unserem Ich wirkende Sonnenmitte nennen: die *Liebe.*

Und damit sind wir schon im nächsten Kapitel angekommen.

5. «ICH» ist Liebe – Wandlungen im Lebenslauf

Die Liebe im herkömmlichen Sinne beginnt da, wo wir uns zum ersten Mal in einen anderen Menschen verlieben. Und, landläufig gesehen, hört sie dort auf, wo dieser andere Mensch, mehr oder weniger plötzlich, uns nichts mehr sagt.

Meine jüngste Tochter – sie war damals dreizehn Jahre alt – hatte sich in einen Nachbarsjungen heftig verliebt. In dem Sommer fuhren wir für ein paar Wochen in Urlaub. An der Wand neben ihrem Bett hatte sie ein kleines Foto von ihm mit Tesafilm angeheftet. Eines Nachmittags saß sie, etwas traurig dreinblickend, auf dem Bettrand. Meiner Frau und mir war natürlich aufgefallen, dass das kleine Passbild an der Wand verschwunden war. Und bei der Frage, was sie da tut und warum sie nicht ins Wohnzimmer kommt, seufzte sie nur und sagte: «Plötzlich ist die Liebe weg.»

Ja, plötzlich ist die «Liebe» weg. Oder, besser gesagt, das ist weg, was man für Liebe gehalten hat. Und die Frage regt sich immer neu in der Seele: Was ist Liebe?

Wie keine andere Lebensmacht wird sie täglich auf der ganzen Welt millionenfach erwähnt, und doch gibt es kaum eine andere menschliche Kraft, die so gründlich missverstanden wird wie die Liebe. Denn eigentlich ist sie die große Unbekannte der Gegenwart.

Unsere Tochter vergaß bald ihre Traurigkeit – so wie es halt in diesem Alter üblich ist.

Nun geschehen Trennungen aus ähnlichen Gründen nicht nur in den Jahren erster emotionaler Bindungen, sondern ebenfalls in allen Altersstufen. Aber es gibt auch Paare, deren Beziehung, trotz allen Wandlungen, die sie biografisch durchmachen, in einer Ebene der Seele so fest verwurzelt ist, dass kein Sturm sie umkippen lässt. Was ist dann also die Liebe? Ist sie Leidenschaft, ist sie Gewohnheit, gesellschaftliche Erfindung? Betrifft sie nur Menschen untereinander, oder ist sie mehr?

Ja, sie ist mehr, denn es gibt auch Naturliebe, Tierliebe, Gottesliebe. Allerdings propagiert eine bekannte Lebensmittelkette den Slogan: «Wir lieben Lebensmittel.» Geht es überhaupt? Oder man «liebt» eine bestimmte Sportart, ein besonderes Auto, ein Kunstwerk ... Was ist also die Liebe ihrem Wesen nach, diese allgegenwärtige Liebe?

Und: Wird sie vielleicht gründlich missverstanden oder leidet sie sogar unter üblem Leumund?

Ich möchte versuchen, einige Antworten zu finden, und beginne mit der Bedeutung, die die Liebe für das heranwachsende Kind hat, gehe dann einen ähnlichen Weg wie in den ersten Kapiteln und lasse dann einige Aspekte der Liebe gleichsam Revue passieren.

Der Lesende wird sich gewiss daran erinnern, dass ich bei der Besprechung der ersten drei Jahrsiebte vom Dreigestirn: Güte, Schönheit und Wahrheit ausgegangen bin. Und dass ich diese Seelenqualitäten im Zusammenhang mit vorgeburtlichen Erlebnissen erwähnt habe. Dort, auf unserer Wanderung nach dem letzten Tod und vor der neuen Geburt, sind wir, mehr oder weniger bewusst, Welten ansichtig geworden, deren «Substanz» Güte-Liebe ist, deren Strahlung Schönheit und deren Licht Wahrheit. Und wir sahen, hörten und fühlten damals ihren schöpferischen Zusammenklang. Daher hat das Kind von sich aus zunächst keinen Anlass daran zu zweifeln, dass die Welt gut, schön und wahr ist. Genauso wenig bezweifelt es im Laufe seines Wachsens, dass es ein guter Mensch werden kann, dass es Schönes in der Kunst oder im Leben zu schaffen vermag und dass es alle Mittel besitzt, Wahrheit zu erkennen.

Wenn diese Dreiheit gewissermaßen ein biografisches Grundvermögen für das Leben bedeutet, so ist die Liebe, die wir Erwachsene ihnen entgegenbringen können ein Startkapital für alles spätere Leben.

Ich weiß, dass es im Leben auch anders gehen kann, jedoch ist und bleibt die Liebe der Zaubergarten, wo später alles Gute, Schöne und Wahre aus uns heraus wachsen kann – als Nehmende und Gebende.

Das erst adelt in Wirklichkeit unsere Biografie.

Ich habe kürzlich in einem Buch Sätze gelesen – ein Hirnforscher und ein Bildungsexperte zeichnen als Autoren –, die in ihrer Direktheit, Knappheit und ihrem Wirklichkeitsbezug mich sofort begeistert haben. Ich möchte in meiner Betrachtung davon ausgehen:

«Was es für ein Kind bedeutet, bedingungslos geliebt zu werden

Kennen Sie dieses Gefühl noch aus Ihrer eigenen Kindheit? Diese innere Gewissheit, genau so, wie Sie waren, nicht nur völlig richtig, sondern wertvoll und bedeutsam zu sein? Erinnern Sie sich noch an das Glück, das Ihren ganzen Körper durchströmte, als Sie schon wieder etwas Neues ausprobiert, etwas entdeckt, gebaut und dabei etwas Wichtiges hinzugelernt hatten? Und an das Strahlen in den Augen Ihrer Mutter, die Ihnen dabei einfach nur zuschaute? Haben Sie sich jemals wieder mit einem Menschen so verbunden gefühlt, so sicher und geborgen? So leicht und unbeschwert alles machen können, was Ihnen in den Sinn kam? Ohne Angst und ohne Selbstzweifel. Und vor allem ohne das Gefühl, den Vorstellungen und Erwartungen anderer nicht gerecht zu werden. Sie waren einfach nur da, und das war genug.

Sie hätten es damals noch nicht in Worten ausdrücken können, aber sie fühlten sich bedingungslos angenommen und geliebt. Und weil Ihnen damals dafür nicht nur die Worte, sondern auch das bewusste Verständnis des so Erlebten noch fehlten, können Sie sich heute auch kaum noch daran erinnern. Jedenfalls nicht mit dem Verstand, vielleicht aber mit dem Herzen.»

[...]

«Es ist die Liebe, die uns Menschen hilft, uns zu ent-wickeln. Bei Erwachsenen, wenn sie sich selbst wieder zu lieben beginnen. Und bei Kindern, wenn sie spüren, dass sie geliebt werden.

So einfach ist das, und doch so schwer. Denn was bezeichnen wir nicht alles als Liebe, obwohl es damit doch gar nichts zu tun hat. Von Liebe getragen sind nicht die verworrenen Beziehungen von Partnern, die einander brauchen und miteinander um Vorherrschaft und Deutungshoheit ringen. Und Sexualität hat auch nicht zwangsläufig etwas mit Liebe zu tun. Ebenso wenig all das, was in vielen Pflegeheimen, Krankenhäusern, Schulen und Kindergärten stattfindet – also überall dort, wo es doch eigentlich um Entwicklung geht. Es scheint so, als müssten wir erst noch lernen, was Liebe bedeutet.

Deshalb ist Liebe kein Gefühl, sondern eine innere Einstellung und Haltung, die Entwicklung ermöglicht. Von der Liebe wird niemand überrumpelt, und sie fällt auch nicht vom Himmel. Um eine Liebende oder ein Liebender zu werden, bedarf es einer vom Herzen getragenen, aber auch gleichzeitig bewusst getroffenen Entscheidung. Und wenn es die Liebe ist, die uns hilft, Verwicklungen zu vermeiden und Entwicklung zu ermöglichen, dann kann man nicht lieben, ohne alles dafür zu tun, dass genau das auch wirklich geschieht.»[54]

Es sind tief greifende Sätze, die aus einer gründlichen Kenntnis dessen stammen, was Kinder für ihre gesunde, ja runde Entwicklung brauchen. Ja, was eigentlich jeder Mensch braucht, wie alt er auch sein mag. Die Autoren betonen auch, dass vieles im Zwischenmenschlichen als Liebe bezeichnet wird, «obwohl es damit doch gar nichts zu tun hat».

Gerne möchte ich jetzt den Lebensfaden dort aufgreifen, wo wir das Erwachsenenalter erreicht haben, und zwar im Zusammenhang mit der Seele als Ganzheit, so wie sie sich in der Empfindungsseele, in der Verstandes- und Gemütsseele und in der Bewusstseinsseele zum Ausdruck bringt. Denn erst dann kriegen wir Klarheit über die verschiedenen Qualitäten der Liebe in ihrer Vollständigkeit, aber auch ein Fundament, um hier Spreu von Weizen zu trennen.

Man erinnere sich an die Grundkräfte der drei Seelenglieder: die Empfindungsseele, die überall an der Stelle ist, wo wir auf Reize der Umwelt reagieren. Farben, Töne, Gerüche – die ganze bunte Skala der Sinnesempfindungen eröffnet uns eine Welt körperlich angeregter Gefühle, die uns eine feste Grundlage unseres Daseins ermöglichen. Und so ist auch die Qualität der Sinnesliebe: gefühlsstark, spontan, elementar. Das Wort «elementar» passt sehr gut zu diesen Qualitäten der Empfindungsseele, die naturgemäß sehr stark auf die klassischen vier Elemente reagiert wie sie uns in der Natur begegnen. Die alten Alchimisten sprachen in Bezug auf die Elemente Feuer, Luft, Wasser und Erde sogar von einem fünften Element, der

«Quintessenz», die verborgen-wirkend ihnen zugrunde liegt und eben ihre eigentliche Essenz ausmacht.

Im übertragenen Sinne wäre die Liebe dann die eigentliche Quintessenz aller ihrer elementar-sinnlichen Äußerungen. Denn sie kann tatsächlich heiß wie Feuer sein, frisch und beweglich wie Luft, belebend wie Wasser und standfest wie die Erde.

Allerdings hat die Empfindungsseele als reine Naturkraft sozusagen Eigenschaften, die, gerade in Freundschaften oder in der Partnerschaft für große Unstimmigkeiten sorgen können. Denn sie ist gewissermaßen insofern konstitutionell untreu, als sie sich, als Sinnenseele, uns bei jeder körperlichen Bewegung, ob links oder rechts, frische Eindrücke besorgen muss. Man möge sich vorstellen, was das Alltagsleben wäre, wenn wir beispielsweise eine Weile eine wunderschöne Blume bewundert haben und ihr Bild ständig vor unseren Augen erzeugt würde, ohne uns zu ermöglichen, etwas anderes zu betrachten. Denn Leibessinne und Empfindungsseele mit ihren Gefühlen sind eine organische Einheit.

Auf der anderen Seite, gerade durch ihre Leibgebundenheit, ist die Empfindungsseele noch sehr stark an Familie, Stamm oder Sippe gebunden, mit all den positiven oder auch negativen Folgen für die eigene Biografie, wie wir immer wieder weltweit beobachten können. Der ganze Komplex, der mit dem Begriff der Nah-Ehe verbunden ist, gehört beispielsweise in diesen Zusammenhang, sowie die Liebe im engen und weiten Verwandtenkreis. Aber der Radius unserer Seele erweitert sich ja von Jahr zu Jahr.

Wie bereits in den vorigen Kapiteln dargestellt, erwacht die Empfindungsseele – biografisch gesehen – besonders in den Zwanzigerjahren und möchte durch die weiteren Seelenglieder, die in uns veranlagt sind, entsprechend gewandelt und integriert werden. Zur Be- und Anreicherung des «Ich», das ja selber sich in fortwährender Entfaltung befindet. Ob es uns bewusst ist oder nicht, verwandelt jeder Tag etwas in uns. Was die Liebe insbesondere angeht, liegt es auf der Hand, dass die Sinnes-Liebe, biografisch-altersgemäß gesehen, nur eine Seite einer viel größeren Weltkraft darstellt. Außerdem liegt es mir besonders am Herzen zu betonen, dass die unterschiedlichen Formen von Liebe, deren ein seelisch gesunder Mensch fähig ist, nicht einer Art moralischem «Ranking» unterstellt sein dürften, etwa im Sinne einer «niederen» oder «höheren» Qualität der Liebe. Gewiss könnte man es von einem gewissen Standpunkt aus gesehen machen. Stattdessen möchte ich auf die Komponenten *Selbstsucht* oder Selbstlosigkeit bzw. *Selbststrahlung* in der jeweiligen Liebesqualität den Schwerpunkt dieser Betrachtung legen. Das wird uns im Laufe dieses Kapitels noch tiefer beschäftigen.

Aber zunächst fragen wir uns: Wie sieht «Liebe» im Geiste der Verstandes- und Gemütsseele aus? Auch hier können wir auf das zurückgreifen, was darüber bereits ausgeführt wurde. Als denkende Seele, mit ihrer Fähigkeit, die Welt im Denken und in der Selbsterkenntnis zu verinnerlichen, öffnet sie uns im Bund mit der Empfindungsseele andere und weitere Möglichkeiten der Welt- und Selbstfindung. Die natürliche Sinnenwelt um uns, über uns und unter uns wird von vielfältigen Kräften erzeugt und durch unterschiedliche Gestaltungsrhythmen im Auf- und Abfluten des Lebens im Werdestrom gehalten. Anders hat sich in äonenlanger Entwicklung die mineralische Schicht unseres Kosmos gebildet, anders die Pflanzen-, Tier- und Menschenwelt. Die Verstandesseele ist wie ein Wahrnehmungsorgan für die vielschichtige Interaktion all der Gesetze, die die

Welt «im Innersten» zusammenhalten. Der Schein der Dinge interessiert sie nur, weil sie in das Verborgene der Dinge eintauchen will. Jene Blüte ist zwar schön, aber die Entdeckung der unsichtbaren, aber denkbaren Gesetze, nach denen sie blüht, kann tiefere Empfindungen in uns wachrufen. Ein Teil unserer sonst nach außen orientierten Gefühlswelt wird durch die Arbeit des Denkens verinnerlicht. Dadurch wird die Seele zur Gemütsseele. Gedankenfolgen können sie begeistern, unklares Denken bedeutet ihr Leid. Und denkend erforscht sie auch die Tiefen der eigenen Seele. Diese Eigenschaften verleihen den variablen Gefühlen der beweglichen Empfindungsseele eine gewisse Stabilität. Wenn es sich um Liebe zwischen Mensch und Mensch handelt, dürfte sich im Laufe der Tage, Wochen oder gar Jahre ein inneres Bild aus Gedankenkraft in uns geformt haben, an das beim «Sinnen und Minnen» immer wieder angeknüpft werden kann. Wenn wir eine Liebe durch Lebensstürme hindurch tragen wollen, ist ein solches Bild, trotz räumlicher Entfernung, eine unschätzbare Quelle dafür, dass eine Beziehung, ob Freundschaft oder Liebe im alltäglichen Sinn, am Leben erhalten und gepflegt werden kann.

Und der feste Wille zusammenzubleiben, wie Halmer schreibt, gehört eminent dazu.

Eine einseitige und einfache Empfindungsseele sagt: «Aus dem Auge, aus dem *Sinn.*» Eine ausgebildete Gemütsseele antwortet: «Dank meinem *Sinnen* sehe ich dich neu.»

Intensive Verinnerlichung ist ein passendes Losungswort für diese Stufe der Liebe, die mehr oder weniger drängend, etwa vom 28. Lebensjahr herauf, biografisch relevant wird. Sie hebt selbstverständlich nicht das bereits vorhandene Liebesgut auf, sondern ergänzt es. Wir haben es auch hier mit der bereits mehrfach erwähnten Dreiheit zu tun: Ausdehnung – Evolution, jetzt als Gabe der Empfindungsseele, Verinnerlichung – Involution als eine Gebärde der reifen Verstandes- und Gemütsseele, und Erhöhung – Steigerung als Geschenk einer um die eigene Geburt ringenden Bewusstseinsseele als Ich-Seele.

Denn im Ich-Komplex verdichten sich auch die Ich-Qualitäten, die ich durch das Leben in der Sinneswelt und in der Welt meiner Gedanken gewinne. Man kann es auch so formulieren: Zum *Sinnes-Ich* gesellt sich, gleichsam in Personalunion, ein *Denk-Ich*, und alles wird durch die Bewusstseinsseele dahingehend buchstäblich durchstrahlt, als sich in ihrer Ich-Qualität die volle Realität unseres Willens manifestieren kann – ein *Willens-Ich* –, das uns im Alltagsleben zunächst unbewusst bleibt. Wir wissen höchstens von dem, was wir zu tun gedenken, von unseren Plänen, Absichten, Beteuerungen, Versprechungen und so weiter, aber was sich wirklich in unserem sogenannten Unbewussten oder Unterbewussten abspielt, wissen wir, bei ehrlicher Reflexion, kaum. Geschweige denn, dass wir gemeinhin wüssten, was sich wirklich – während wir handeln – hinter unseren Lebensentscheidungen tut. Deshalb betont Rudolf Steiner immer wieder die Tatsache, dass, wenn wir im Denken wach sind und im Fühlen, was den Grad unseres Bewusstseins anbelangt, träumen, wir uns in Bezug auf die Tiefen unseres Wollens schlichtweg im tiefen Schlaf befinden.

Diesen Tatbestand hat er einmal so dargestellt: «Dieses Feld des Wollens, es ist ja dasjenige, das den Menschen am kräftigsten beherrscht, das im Menschen am kräftigsten wirkt, das aber zu gleicher Zeit von dem Menschen am wenigsten mit wirklicher Aufmerksamkeit durchlebt wird. Denn der Mensch weiß eigentlich gewöhnlich wenig, wie sein Wollen verläuft.»[55]

Nun hängt unser Ich wesensmäßig mit diesen Willenstiefen zusammen. Es ist eigentlich Willenskraft, die meinem Ich die

Verwandlungen meiner Seelenglieder ermöglicht, so wie sie im zweiten Kapitel geschildert wurden: Geistselbst, Lebensgeist, Geistesmensch als gleichsam Urheber der zu erreichenden Geistesweite, Geistestiefe und Geisteshöhe sind nicht erreichbar ohne diese im Ich vorhandene Wandlungskraft. Sie ist die eigentliche Energie hinter oder unter allen Schöpfungen des Menschen auf allen Ebenen. Was wir allerdings dabei nicht vergessen dürfen, ist die bereits angedeutete Doppelpoligkeit der Bewusstseinsseele gegenüber der materiellen und der Welt des Geistes.

Das «Ich» – ähnlich wie Faustens zwei Seelen – ist äußerster Ich-Sucht fähig und äußerster Ich-Hingabe, also Liebe; wobei die Grenzen im Alltagsleben, aber auch im scheinbar idealistischen Liebesstreben, durchaus fließend sind.

Wie liebt nun die Bewusstseinsseele, und wie ergänzt und belebt sie die beiden anderen Seelenglieder?

Ein einfaches Bild kann uns einen zentralen Aspekt der hier gemeinten Ich-Liebe veranschaulichen.

Man vergleiche das Leben wieder mit einem Fluss. Ich stehe am Ufer. Die Empfindungsseele freut sich an der Schönheit und Frische des unmittelbaren Anblicks. Das Denken mag eine Antwort auf die Frage suchen, woher der Strom kommt und wohin er fließt. Eine gewisse Ehrfurcht kann sich einstellen, wenn wir an seine Bedeutung für Mensch und Tier nachdenken. Aber um zu den Quellen zu gelangen, muss man sich *auf den Weg machen.* Einmal dort angelangt, wird man zugleich den Fluss *erleben,* seinen Ursprung *kennen* und an der Quelle *sein*.

In diesem Sinne kann man sagen, dass das Losungswort für die Bewegung der Bewusstseinsseele im Wesentlichen «Initiative» ist. Initiative als reiner Ausdruck unserer Ich-Potenz.

Denn erst Initiative – Wille *in actu,* in Aktion – kann unseren Geistestiefen die Quellkräfte der Liebe entlocken.

Denn sie befinden sich dort, wo auch echte Herzensinitiative und nicht Sturm und Drang oder Kalkül die Oberhand haben. Sehr dicht und zugleich sehr treffend beschreibt Rudolf Steiner diese primäre Qualität der Liebe in einem Meditationsspruch aus seinem *Seelenkalender:*

> «Der Seele Schaffensmacht,
> Sie strebet aus dem Herzensgrunde,
> Im Menschenleben Götterkräfte
> Zu rechtem Wirken zu entflammen,
> Sich selber zu gestalten
> In Menschenliebe und im Menschenwerke.»[56]

Somit wurzelt die schaffende Liebe, denn davon ist in diesem Spruch die Rede, im Herzensgrunde unserer wahren Ichheit, unserer gottgedachten Ich-Seele. Unser Wille west hier im Wohl-Wollen, in der reinen Güte des Herzens, in dessen Grunde Gottes-Güte, ja Gottes-Liebe waltet, wie sie durch die Engel-Hierarchien – die Götterkräfte – uns «zu rechtem Wirken» entflammt, damit wir uns in Menschenliebe und im Menschenwerke verwirklichen können.

Die Liebe, die hier ihren Ursprung hat, ist reiner *Wille*; sie bejaht den anderen; sie will Auswege aus schwierigen Situationen finden, und in ihrer unerschütterlichen Akzeptanz des anderen findet sie immer wieder Kraft und immer neue Freude am gemeinsamen Leben, gleichviel wie die sozialen Verhältnisse sind. Sie interessiert sich aktiv für den anderen und vermag wahre Selbstlosigkeit zu entwickeln, die nicht mit Selbstaufgabe verwechselt werden darf. In der Anerkennung der Würde des anderen Menschen bewährt sich auch die Würde uns selber gegenüber. Da unser Liebeswille auf einer bestimmten Stufe seiner schöpferischen Entfaltung mit unserer spirituellen Dimension – zu der auch Fühlen und Denken gehören – in Einheit lebt, vermag er immer wieder neue Substanz der Liebe zu schaffen, denn Liebe ist gleich «ICH», so wie unser Ich wahrhaftig nur durch Liebe wachsen kann. Dadurch ist der Ich-Wille zum Strahlungsort einer immer neuen Liebeskraft geworden, die sich auf die ganze Schöpfung und auf ihren Schöpfer ausdehnen kann. Die Sehnsucht nach Liebesvereinigung mit einem Menschen oder mit der Gottheit ist zunächst noch keine Liebe. Denn Sehnsucht ist noch Suche. Erst am Quellpunkt der Liebe verwandelt sich die Sehnsucht in Licht und Wärme im Zusammenleben mit Mensch und Natur, mit Erde und Kosmos. Alles andere, was wir oft in Dichtung, Literatur oder auch im Leben vorfinden, ist meistens Vorstufe der Liebe, noch nicht die alles umfassende, überall hin strahlende Liebessonne. Und sie ist gut, schön und wahr.

Alles das kann die Liebe indessen nur dann zuwege bringen, wenn sie sich in ihrem Lebenselement, in der Freiheit, betätigen kann. Alles andere kann Triebzwang, Macht der Gewohnheit oder Gesellschaftszwang sein – Schattenseiten der bereits besprochenen Aspekte der Liebe. Die Bewusstseinsseele, wenn nach und nach ihr Schleier fällt, kennt nur die Liebe, die aus innerer Freiheit immer neu geboren werden kann. So paradox es erscheinen mag: Auf dieser Ich-Ebene, wie bereits hervorgehoben, erschafft sich die Liebe immer wieder neu. So wie die Quelle aus den Tiefen der Erde, entspringt die Liebe aus unserem verborgenen Wesenskern. Sie erscheint zuerst wie eine Schöpfung aus dem Nichts. Ein Nichts aber, in dem wir das All finden können, wie Faust vor seinem Gang zu den «Müttern», im Bewusstsein seiner eigenen Kraft, Mephistopheles zuruft.[57]

Es gibt Sätze von Johann Gottlieb Fichte, dem großen Zeitgenossen von Goethe, Schiller, Novalis und den anderen Geistern der deutschen Klassik und Romantik, die aus dieser Sphäre stammen. Wir finden sie vor allem in seiner *Anweisung zum seligen Leben*, einer seiner vor begeisterten Zuhörern 1806 in Berlin gehaltenen Vorlesungsreihe.

Gleich in der ersten Betrachtung lesen wir: «... das Leben ist Liebe, und die ganze Form und Kraft des Lebens besteht in der Liebe und entsteht aus der Liebe».[58]

Seine Anschauung von der Liebe erreicht in der zehnten Vorlesung einen Höhepunkt, der Fichte in unmittelbare Nähe zum Evangelisten Johannes führt. Hier einiges davon, das sich wie Meditationsstoff ausnimmt: «In dieser Liebe ist das Sein und das Dasein, ist Gott und der Mensch Eins» [...] «Nicht die Reflexion, ehrwürdige Versammlung, welche vermöge ihres Wesens sich in sich selber spaltet und so mit sich selbst sich entzweit; nein, die Liebe ist die Quelle aller Gewissheit und aller Wahrheit und aller Realität» [...] «Die Liebe [...] ist höher denn alle Vernunft, und sie ist selbst die Quelle der Vernunft und die Wurzel der Realität und die einzige Schöpferin des Lebens und der Zeit; und ich habe dadurch, ehrwürdige Versammlung, den höchsten realen Gesichtspunkt [...] zu welchem wir bis jetzt hinaufsteigen, endlich klar ausgesprochen.» Und dann resümiert er: «Im Anfang, höher denn alle Zeit, und absolute Schöpferin der Zeit, ist die Liebe; und die Liebe ist in Gott, denn sie ist sein Sich-selbst-Erhalten im Dasein; und die Liebe ist selbst Gott, in ihr ist er und bleibet er ewig, wie er in sich selbst ist» [...] «Johannes sagt: Wer in der Liebe bleibet, der bleibet in Gott, und Gott in ihm.»

Gewiss ist eine solche Liebe nicht nur ein Stern, sondern eine ganze Sternenkonstellation, die uns mit Staunen, aber auch mit Begeisterung erfüllen kann, denn hier befinden wir uns im tiefsten und im höchsten Grund des «Ich», zumal das Wesen der kosmisch-irdischen Liebe selber, der Logos-Christus, wesenseins mit unserem wahren Ich ist. «Vom Urbeginne an seid ihr mit mir verbunden», lesen wir im Johannes-Evangelium.[59] Und im hohepriesterlichen Gebet, bei dem sich der Christus an den «Vater» wendet, dem Träger aller Güte, gipfelt sein Vermächtnis in folgenden Sätzen, die auf eine neue bewusste Vereinigung mit der Gottheit hinweisen: «Und nicht nur für sie bitte ich bei dir, sondern auch für die, die sich durch ihre Verkündigung mit mir verbinden werden, damit sie alle eine Einheit seien; so wie du, Vater, in mir bist und ich in dir, so sollen sie in uns sein, damit die Welt zum Glauben komme, dass du mich gesandt hast [...] Ich bin in ihnen, und du bist in mir, und so werden sie zu einer vollkommenen Einheit geweiht, damit die Welt erkennt, dass du mich gesandt hast und dass du sie liebst, wie du mich liebst [...] Ich habe ihnen deinen Namen geoffenbart, auf dass die Liebe, mit der du mich geliebt hast, in ihnen sich bewahre und so mein Ich in ihrem Ich sich offenbare.»[60]

Sicherlich ist der Boden des Christentums als «Weltreligion» bis in die Gegenwart hinein nicht mit Liebe allein betreten worden. Und doch hat es immer wieder Menschen gegeben, und nicht wenige, auch in unseren turbulenten Zeiten, denen gerade diese Botschaft das Eigentliche des Christentums war. Man kann es auch so formulieren: Das Wesen Christi, als kosmisch-irdische Liebeskraft, ist in jedem Menschen latent vorhanden, gleichviel wie sich die institutionalisierten Kirchen oder Religionen nennen mögen und wie sie sich von anderen abgrenzen mögen. «Wer in der Liebe bleibet, der bleibt in Gott, und Gott in ihm», zitiert Fichte aus dem ersten Brief des Johannes: Das ist keine «Kirche», das ist Menschheitsethik und Menschheitsreligion. An dieser Sternenkonstellation kann sich – auf allen Ebenen der eigenen Seelenentwicklung – jeder von uns orientieren.

Ich habe bereits Martin Luther King zitiert, dessen Kraft gerade in einer solchen Liebe gründete, dass er unzählige Menschen damit zur Nachfolge im Alltag anregte. Natürlich weiß ich, was nach seinem gewaltsamen Tod in ganz Nordamerika geschah. Aber seine Botschaft lebt weiter, selbst wenn die Massenmedien in der Regel kaum Notiz davon nehmen. Ich möchte zur Abrundung dieses Kapitels einige seiner Worte zitieren: «Wenn ihr mutig und doch mit Würde und in der Liebe Christi kämpft, werden einmal die Geschichtsschreiber späterer Generationen sagen: ‹Da hat einmal ein großes Volk gelebt, ein schwarzes Volk, das den Menschen der zivilisierten Welt ein neues Bewusstsein, ein neues Gefühl für Würde eingeimpft hat!› Das ist unser Auftrag und unsere Verantwortung [...] Unser Handeln muss von den höchsten Grundsätzen unseres christlichen Glaubens diktiert sein. Die Liebe muss unser Tun bestimmen.»[61]

Diese Worte eines der ganz Großen der Weltgeschichte brauchen gewiss nicht kommentiert zu werden!

Dass in diesen Betrachtungen zur Biografie das Thema «Liebe» so eine zentrale Stellung einnimmt, hängt nicht allein damit zusammen, dass in unserer Biografie die Liebe oder der Mangel an Liebe – sowohl im Nehmen wie im Geben – ein bedeutender Faktor ist. Das hat auch mit der Aufgabe der Liebe im Kontext der gesamten Evolution der Erde zu tun. Dadurch erhält diese Thematik eine Relevanz, die über alle berechtigten und notwendigen subjektiven Facetten der Menschenliebe hinaus jeder Biografie ihren tieferen Sinn verleiht. Dazu gehört auch die Frage: Ist unsere Liebe zu bestimmten Menschen reiner Zufall, ist sie charakterologisch erklärbar oder liegt da eine Art Vorbestimmung vor? Etwa im Sinne des Reinkarnationsgedankens und des Karma? Das wird uns im nächsten Kapitel beschäftigen, um dann zu der kosmischen Dimension der Liebe zu kommen.

6. Der Karma-Gedanke: Liebe – Zufall oder Vorbestimmung?

In der vorangehenden Betrachtung wurde versucht, anhand der dreifachen Artung unserer Seele in ihrer Mittelstellung zwischen der äußeren Erscheinungswelt und der im Innern aufleuchtenden Welt des Geistes die entsprechenden Gebärden der Liebe zu charakterisieren. Es wurde auch auf ein tiefes Ich-Geheimnis hingewiesen.

Die Christus-Liebe ist eine Ich-Saat, die der Christus selber durch sein Erdenleben, sein Sterben und sein Auferstehen an Ur-Ostern in die Menschheit ausgestreut hat. Denn das Christentum ist primär eine Anweisung zur Liebe und dadurch, wie Fichte auch sagt, ein Weg zu einer Liebe, die insofern «höher denn alle Vernunft ist», weil sie selbst «die Quelle der Vernunft» ist «und die Wurzel der Realität und die einzige Schöpferin des Lebens und der Zeit». Anders ausgesprochen führt sie uns auch in die Welten des Geistes, denn «die Liebe ist selbst Gott, in ihr ist er». Das ist aber die Welt, die sich uns heute dank der Bewusstseinsseele erschließen kann.

Aber wir können uns jetzt auch fragen: Was unterscheidet auf diesem Gebiet die Bewusstseinsseele von den Wegen der Geist-Erfahrung, der Bewusstseinserweiterung, die die anderen Seelenglieder uns ermöglichen? Die Empfindungsseele erlebt das Geistig-Göttliche in allen Naturvorgängen, in Sonnenauf- und -untergängen, in Bergen und Sternen, in Meeren und Wäldern. Die Verstandes- und Gemütsseele kann Göttliches auch in der eigenen Seele erfahren. Sie kann in der Logik, als Ausdruck des göttlichen Logos, eine hohe spirituelle Kraft erleben. Aber erst in der Bewusstseinsseele kann der Mensch unmittelbar die Ewigkeit des eigenen Wesens erfahren, die unsagbare Schöpferkraft des wahren Ich im Licht des auferstandenen Christus; und durch ihn erfährt er nach und nach auch die Fülle der Gottheit, das *Pléroma,* wovon der eingeweihte Paulus spricht: Das Ich ist eins mit den Sphären der Engelhierarchien.

Alle wahren Naturkulte der vorchristlichen Zeit und alle wahre Andacht im Innern der Seele sind Ausdruck des Logos gewesen. Und selbstverständlich sind die Qualitäten heutiger Geisterfahrung, ob sie durch die Sinne angeregt werden oder durch den Verstand, *gleichwertig* im Verhältnis zu den Erfahrungen durch die Bewusstseinsseele. Sie sind jedoch insofern nicht *gleichartig,* weil die Sonnenmacht Christus im Ich selber entfacht werden kann. Die Grunderfahrung des Paulus, dass Christus in seinem Ich lebt, ist einer ungeheuren Steigerung fähig, denn sie ist in der sich entwickelnden Bewusstseinsseele veranlagt. Diese Erfahrung, wie sie heute im Ich gemacht werden kann, war früher nicht möglich und ist dazu bestimmt, den Weg durch die Sinne und den Weg durch den Verstand zu integrieren und auf eine neue Stufe zu erheben, und zwar in Richtung des *Geistselbst* und darüber hinaus, wie es bereits mit den meditativen Begriffen *Geistesweite, Geistestiefe und Geisteshöhe* angedeutet wurde. Und die Liebe ist der Königsweg zu diesem Ziel. Deshalb konnte Rudolf Steiner sagen: «Das Ereignis von Golgatha ist eine freie kosmische Tat, die der Welten-Liebe entstammt und nur durch Menschenliebe erfasst werden kann.»[62]

Über kosmisch-göttliche Welten, in welchen wir vorgeburtlich weilen, habe ich schon einiges angedeutet. Aber alles Vorgeburtliche setzt wiederum ein Nachtodliches voraus: Tod –

Geburt – Tod – Wiedergeburt. Das ist nicht ein Kreislauf, denn die Erfahrung der Wiederverkörperung, wie sie die Bewusstseinsseele eröffnet, kennt nicht den bloßen Kreis der Geburten, das Rad der Wiederholung der Erdenleben im einfachen Sinn. Sie kennt aber das Gesetz der *Metamorphose* in dem Sinne, dass jede neue Inkarnation ein Ergebnis kosmischer Wandlungsprozesse ist. Von diesem Gesichtspunkt aus möchte ich gerne auf die Frage eingehen, ob die Liebe zwischen Menschen ein Ergebnis des Zufalls ist oder eine Vorbestimmung, der ich einfach zu gehorchen habe. Etwa nach dem Wort: «Das Karma will es.»

Nun komme ich mit einer mannigfachen Veranlagung zur Liebe auf die Erde. Unsere Liebe ist nicht pauschal, sondern zielorientiert. Auf Menschen bezogen heißt das – das ist wohl die bekannteste Erfahrung –, dass wir uns zu gewissen Menschen in Liebe hingezogen fühlen, und zwar zunächst mehr oder weniger von Sehnsucht geleitet. Das reine triebhafte Verlangen ist jetzt nicht gemeint. Ist das also sozusagen eine geplante Sache, etwa in dem Sinne, dass Ehen im Himmel geschlossen werden? Oder ist das einfach Zufall, eine genetische oder gar astrologische Veranlagung, dass meine Gesamtkonstitution sich einmal dem einen, ein andermal dem anderen Menschen in Liebe zuwendet? Von einem einseitigen Determinismus, in der Art eines astrologischen Computer-Outputs, möchte ich deutlich Abstand nehmen, denn das reduziert den Menschen zu einer Art gelenkter Marionette und jede Beziehung zu einer «geistigen» Zwangspaarung. Ähnlich verhält es sich mit Ehen, die von einem Guru veranlasst werden. Ich möchte hier die spezielle Frage nach der Eltern- oder Verwandtenliebe ausklammern, sowie das Thema Heimatliebe und ähnliches, denn das würde die Grenzen dieser Arbeit weit überschreiten.

Die Frage ist dann: Wurzelt die Liebe im oben gemeinten Sinn in vorgeburtlichen Welten oder in einem früheren Erdenleben, oder in beiden? Diese Fragen sind ebenfalls außerordentlich komplex. Man möge deshalb auch diese Ausführungen lediglich als eine Anregung zu eigenen Urteilen und Schlüssen betrachten.

Schauen wir zuerst, gleichsam in dramatischer Verkürzung, den Weg des Menschen nach dem Tode an, wie er von Rudolf Steiner im bereits erwähnten Buch *Theosophie* und in anderen Werken entwickelt wird. Für die Interpretation dieser Vorgänge und für die Schlussfolgerungen, die sich daraus für unser Thema ergeben, übernehme ich selbstverständlich, wie auch für den ganzen Inhalt dieses Buches, die volle Verantwortung.[63]

Unter dem Aspekt der Karma-Bildung gesehen, der gesamten Schicksalsgestaltung, sind jetzt Aufarbeitung des vergangenen Lebens und Vorbereitung der nächsten Inkarnation die zwei Pole der nachtodlichen Entwicklung.

Verlässt der sterbende Mensch den Körper, in dem er sein letztes Leben verbracht hat, so dehnt sich sein Geistig-Seelisches in den übersinnlichen Sternenkosmos aus. Dieses Sich-Ausdehnen ist in Wirklichkeit ein Aufgehen in die hohe moralische Substanz geistiger Hierarchien, in deren Lichte das vergangene Leben, das gesamte Denken, Fühlen und Handeln des Menschen angeschaut wird.

Mehr oder weniger bewusst, je nachdem ob der Mensch im Erdenleben um Spiritualisierung seines Menschentums gerungen hat, erlebt die entkörperte Geistseele diese Vorgänge mit wachsender Betroffenheit. Impulse, Handlungsziele, um Getanes besser oder wiedergutzumachen, erwachen in ihr; Schmerzen, Freuden, Taten und Erkenntnisse verwandeln sich in zukünftige Neigungen oder Abneigungen, Begabungen oder Behinderungen.

Zwei Impulse erweisen sich hier als maßgebend: Wahrheit und Güte, also Weisheit und Liebe, die in den geistigen Sphären zunehmend als zusammengehörig erlebt werden.

Weisheit kann man – vereinfacht ausgedrückt – auch als Licht des gesamten Kosmos bezeichnen, ein Bewusstseinslicht – die kosmische Intelligenz –, das unterschiedliche Intensitätsstufen aufweist. Bereits auf Erden erleben wir eine ungeheure, gesetzmäßig wirkende Weisheit in allen Phänomenen, die uns vor Augen kommen. Mathematisch-weisheitsvolle Strukturen durchziehen das gesamte Weltenall, in das wir mit unserem erkennenden Bewusstsein vielfältig eingeschaltet sind. Unzählige Phänomene in allen Regenbogenfarben und unterschiedlichste Formen und Klänge offenbaren uns ebenso die Harmonie der gesamten Schöpfung mit ihren Rhythmen und Werdestufen. Es ist die Licht-Wirkung gewaltig-erhabener Geistwesen, derer wir ansichtig werden.[64] Ein Licht, dessen wir auch im Erkennen teilhaftig sind.

Dieses Licht der Weisheit aber auch der Schönheit, das im gesamten Kosmos waltet, ist Teil des schöpferisch-wesenhaften Bauplans der Welt, nach dem unter anderem die Raupe Schmetterling wird und die Planeten ihre Bahnen ziehen und zu dessen Verwirklichung wir alle aufgerufen sind.

Im Nachtodlichen ist der Maßstab, nach dem wir all unser Tun und Lassen beurteilen und die Entwicklung künftiger Impulse für ein nächstes Erdenleben vorbereiten, gerade dieser «Plan» der Welt, diese Absichten und Ziele der Gesamtevolution, die gleichsam im Schoße göttlicher Sphären urständen.

Der alte Grieche, der Stoiker, Johannes der Evangelist haben diese schaffende Kraft den Logos genannt, das schöpferische, weisheitsvolle Wort. In eine ähnliche Richtung weist auch der vielschichtige Begriff «Maat» der alten Ägypter. Die Maat – die Weltenordnung – wurde als Feder dargestellt; nach dem Tode wurde das Herz des Verstorbenen gewogen. In der einen Waagschale lag das Herz des Menschen und in der anderen die Maat: War der Mensch zu erdenschwer gewesen oder hatte er im Sinne der Maat gelebt?

Dieses Wiegen vergangener Taten vor dem Sonnengott Osiris finden wir in vielen Papyrus-Darstellungen.

Indem nun die Menschenseele auf ihrer Wanderung – gleichsam ex-zentrisch – in immer höheren geistigen Sphären aufgeht, sieht sie, wie wenig sie mit ihren Gedanken, Gefühlen und Taten – mit ihrer Weisheit und Liebe – bisher zur Verwirklichung dieser Absichten und Ziele der Gottheit beigetragen hat, die sie mehr oder weniger klar als zu ihrem wahren Sein gehörig empfindet.

Aber nicht nur der Weisheit des Kosmos kann der Mensch ansichtig werden, sondern auch dessen, was ihr Wesen ausmacht: die Liebe.

Wenn Weisheit das Wahrheitslicht des Kosmos ist, so ist die Liebe die Impulsierung des gesamten Alls, gleichsam die Kraft der Verwirklichung seiner gottgedachten Ziele, das aber heißt: das Urfeuer aller Schöpfung.

Nur die Kraft der Liebe kann im Laufe wiederholter Erdenleben dieses göttlich-menschliche Ziel verwirklichen. Daher ist das Thema *Liebe* so wesentlich für unsere Biografie. Und daher gibt es so viele Irrungen und Wirrungen in Fragen der Liebe und in ihrer Entfaltung. Im nächsten Kapitel werden wir Letzteres näher anschauen sowie das, was hier als Ziel der Erdenevolution lediglich erwähnt wird.

Im Lichte göttlicher Wesen wird also künftiges Schicksal

gesponnen; weisheitsvoll werden künftige Ereignisse vorgeplant, die im Irdischen sich als «Zufälle» erweisen – glücklicher oder schmerzlicher Art. Und tief in die Seele senken sich *Willensimpulse* künftiger Taten. Taten der Wiedergutmachung vergangener Untaten oder der Weiterförderung positiver geistiger oder sozialer Entwicklungen. Taten, die dem hohen Plan der Schöpfung mehr und mehr entsprechen sollen. Das ist, insgesamt gesehen, der wahre *rote Faden* unserer Biografie und, entsprechend, *die innere Stimme,* – eine Stimme, die ein Aspekt unseres wahren Gewissens ist –, wovon am Anfang auch Günther Maria Halmer spricht.

Aber nur in der Liebe kann sich das alles entfalten und verwirklichen, wie auch Dante Alighieri am Ende seiner *Göttlichen Komödie* sagt, dass die Liebe die Kraft ist, welche «die Sonne bewegt und all die Sterne».

Während nun die Weisheit, wonach auch die Welt gebaut wurde, überall in Mensch und Natur erlebbar ist, muss die Liebe, als Eigenschöpfung des Menschen – seines Ich-Kernes – sich immer mehr und weiter entfalten – im Kleinen und Großen auf Erden.

Und so wachsen auch, im Wechselspiel wiederholter Erdenleben, das Potenzial an Weisheit und Liebe in der menschlichen Seele.

Im nachtodlichen Bereich wird unser Leben, sowohl das vergangene als auch der Entwurf für das zukünftige, nicht zuletzt im Licht der in uns wesenden Liebe angeschaut und entsprechend kräftemäßig veranlagt und angereichert.

Aber Liebe, wie bereits im vorigen Teil dieses Buches im Zusammenhang mit der fälligen Entwicklung der Bewusstseinsseele versucht wurde darzustellen, kann nur in Freiheit erzeugt beziehungsweise vermehrt werden. Es wurde schon von den unauslotbaren Tiefen unseres Ich gesprochen, in denen Liebe, wie eine Schöpfung aus dem Nichts, immer wieder geboren werden kann. Wie sieht nun das konkret im Alltagsleben aus?

Aus dem kosmisch-göttlichen Umkreis, in dem wir als Sphärenwesen gelebt haben, ziehen wir uns nach und nach vor der Geburt konzentrisch gleichsam zusammen und schicken uns an, uns später in die Enge eines materiellen Körpers einzuleben. Und wahrlich: Es waltet eine unendliche Tragik in den millionenfachen Abtreibungen unserer Zeitgeschichte.

Denn Jeder von uns trägt in sich vor der Konzeption unter anderem Impulse der Wahrheitssuche, die im Laufe des Lebens immer in der Form von Fragen, von Sinn-Fragen auftauchen werden; Fragen, die Ausdruck der Sehnsucht nach Weisheit – nach dem Woher, Wohin und Wozu – sind. Und jede Sehnsucht ist ja im Grunde genommen eine Sinn-Suche.

Und in uns kraftet auch ein bereits errungenes, mehr oder weniger entwickeltes oder manifestes Potenzial an Liebe im oben dargestellten Sinne. Und zwar in Gestalt einer gewissen Veranlagung Welt und Mensch gegenüber, so oder so zu lieben, aber auch eine Sehnsucht, in den Tiefen unseres Willens zu wahrhaft Liebenden zu werden. Beiderlei Sehnsucht – Weisheit und Liebe – ist mir also gegeben, sowie ein Schicksalsplan anstehender Ereignisse, die einerseits im Laufe meiner Biografie von außen auf mich zukommen werden und andererseits in mir, meistens unbewusst, mitveranlagt sind. Wir sagten schon, dass das Schicksal eigentlich immer von innen kommt, auch wenn es die Außenwelt ist, die es einem sagt.

Die Frage wird jetzt aktuell: Wo und wie kann hier Freiheit entstehen, wenn mein Leben schon derartig «präpariert» ist? Denn mit der *Freiheit*, wie bereits verschiedentlich angedeutet, ist die dritte tragende Säule gegeben, welche mit der inneren Stimme und dem roten Faden unsere ganze Biografie trägt.

Von zentraler Bedeutung ist auch jetzt – prometheisch angeschaut – die Grundeinsicht, dass kein Ereignis, das mir begegnet, in sich schon die Richtung meiner Reaktion beziehungsweise meiner Antwort beinhaltet, gleichsam wie eine Einbahnstraße für meinen Willen.

Verschiedene Gesellschaftsnormen bestimmen zwar immer wieder unser Verhalten in die eine oder andere Richtung, auch Gewohnheiten oder von Kindheitstagen uns eingeprägte Verhaltensmuster – aber sie sollen und müssen wegfallen. Nicht bei Alltagsbegebenheiten gilt das primär, sondern zum Beispiel bei einer im Sinne unserer Thematik wichtigen Begegnung. Da taucht nun früher oder später Altes, Mitgebrachtes auf, gleichsam wie ein mitgebrachtes Kapital an Abneigung oder Zuneigung, das als Ergebnis früherer Erdenleben in den Tiefen meines Wollens seiner Verwirklichung, besser gesagt seiner Verwandlung harrt. Und zwar nach den Bedingungen der neuen Inkarnation. Denn Karma im Sinne der Ich-Seele bedeutet nicht Wiederholung des Gleichen.

Und wenn es sich um ein hohes Kapital an Liebe handelt, das zwei Menschen nach einer Begegnung irgendwann entdecken? Heißt es dann, sein «Vermögen» in, sagen wir, traditioneller Art gleich auszugeben? Hier gibt es manche Klippen, die ein Lebensschiff schnell zu zerschellen drohen.

Unlösbar scheinende Konflikte stellen sich im Leben ein und ziehen allzu oft eine Spur von Verbitterung, Leid, ja von Tragik nach sich. Die Gefahren dieser Situationen liegen auf der Hand. Vor allen Dingen ein falsch verstandener Karma-Gedanke und ein beschränkter Begriff von Liebe stiften hier unendlich Verwirrungen. Der wahre Begriff von Liebe ähnelt der

Sonne: Diese Liebe strahlt und spendet Leben – *das «ICH» strahlt.* Aber der Mond braucht das Licht, verlangt nach Licht und Wärme – *das «Ego»* saugt gleichsam das Licht auf.

Natürlich braucht die ganze Natur um uns und in uns Sonne und Mond im Rhythmus der Tages- und Nachtzeiten. Aber «Liebe», nicht zuletzt im Sinne der sich biografisch darlebenden Facetten der Seele, ist eine Macht, die in den Sonnenhöhen des «Ich» schlummert. Je mehr sich das wahre Ich entwickelt, desto mehr ergreift es das mondenhafte Verlangen der Seele und verwandelt es in ein erfülltes Schenken auf allen Leibes-, Seelen- und Geistesebenen.

Vergleichen wir das «saugende» Ego mit Seelen-*Leere,* so ist das strahlende «ICH» die sie erfüllende und auf einer höheren Stufe sie emporhebende *Fülle.* Zusammen bilden sie dann einen Menschen, der schlichtweg eine höhere Stufe seines Menschentums nach und nach erreicht. «Sonne» und «Mond» zusammen bilden dann in ihm sozusagen einen neuen Weltkörper.

Aber jetzt stehen wir noch vor der Situation einer Beziehung zwischen Menschen, die möglicherweise schon lange zusammenleben. Vielleicht sind auch Kinder da und vielleicht ist die eigene Partnerschaft bereits von Langeweile, Enttäuschung und Resignation befallen. Der Spielarten gibt es auch hier so viele, wie es Menschen gibt. Und jetzt kommt mir mein neues Schicksal entgegen!

So wie bei einer Bekannten, die von ihrem Mann verlassen worden war, und welche sagte: «Mein Mann ist seinem Karma begegnet.»

Ich möchte jetzt die Komplexität und die Lebensrelevanz von solchen Situationen gewiss nicht relativieren, denn es gibt schon gewaltige Bande, die von Leben zu Leben Menschen begleiten, wie auch Rudolf Steiner in seinen vier Mysteriendramen schildert. Und die Fragen, die dadurch entstehen, haben nicht selten existenziellen Charakter. Man denke dabei beispielsweise an das tragische Schicksal der tiefen Liebe zwischen dem Hauslehrer Hölderlin und Susette, der Gattin des Handelskaufmanns Jakob Gontard, seines reichen Arbeitgebers im Frankfurt des späten 18. Jahrhunderts. Es könnten noch viele ähnliche Beispiele genannt werden.

Nun geht es mir in diesen Ausführungen primär um den Karma-Gedanken in seiner Freiheitskomponente, aber auch darum, wie man im Leben bewusst das Potenzial der Liebe in der eigenen Seele vermehren kann.

Also: Was tun?

Ich kann freilich alle Möglichkeiten, die mir eine bestimmte Begegnung öffnet, ausschöpfen – muss es aber nicht.

Wie finde ich nun im Zusammenspiel zwischen dem eingetretenen Ereignis, das durchaus zu meinem Karma gehört, und mir die richtige Handlung? Dass es freilich auch Lebenssituationen gibt, die karmisch absolut neu sind, ist jetzt nicht relevant.

Eine in wirklicher Freiheit vollzogene Handlung wird immer eine «richtige» sein, gleichgültig jetzt, ob sich hier uralte Vergangenheit meldet oder ganz Neues.

Was heißt aber: eine «richtige» Handlung vollziehen? Und zwar im Sinne einer reifen Bewusstseinsseele, wenn sie das *Gute* verwirklichen will? Der Egoismus kann unter Umständen sehr schnell mit einer Antwort aufwarten; kein Seelenglied ist gegen ihn gefeit, weder die begeisterungsfähige Empfindungsseele noch die etwas nüchtern wirkende Verstandes- und Gemütsseele und schon gar nicht die schwer durchschaubare Bewusstseinsseele – denn wir befinden uns noch mitten in ihrer Entwicklung. Auf einer bestimmten Stufe unserer Biografie hat der Egoismus eine ganz wichtige Aufgabe zu erfüllen. Er entfaltet seine berechtigte Seite als eine Art Schutz unserer werdenden Ichheit. Denn ich muss zuerst ein gediegenes *Erden-Ich* aufgebaut haben, bevor oder damit ich es in Liebe öffnen kann.

Im Grunde genommen bedeutet die Verwandlung aller Kräfte unseres irdischen Mensch-Seins, ihre Veredelung in Richtung Geistselbst, Lebensgeist und Geistesmensch, wie sie im Kapitel *Ich-Entfaltung im Rhythmus der Zeit* behandelt wurde, eine fortwährende Transformation des Egoismus. Ich sprach auch vom Kohlenstoff, aus dem der Diamant einer neuen Existenz herausgestaltet werden kann. Ja, der Egoismus, etwas pauschal angeschaut, ist auch Teil von diesem Kohlenstoff.

Eine richtige Handlung in diesem Sinne vollziehen heißt primär, in der Phase der Entscheidung eine Handlungs-Intuition entstehen zu lassen, die ganz und gar aus unserem wahren Wesenskern heraus stammt. Dazu brauche ich in gewissem Sinne praktische Weisheit oder zumindest Einblick in die gesamte Situation, sowohl was mich und meine konkrete Anbindung an die soziale Umwelt als auch was mein Gegenüber anbelangt. Das ist keine einfache Erkenntnisarbeit! Vor allem wenn sie sich auf der Ebene der schöpferischen Bewusstseinsseele entfalten muss.

Die Empfindungsseele regt zu einer Denktätigkeit an, die sich zunächst an die sinnlich erfahrbare Welt richtet und auch dabei bleibt.[65] Die Gedanken – die Begriffe der Dinge – werden ihr gleichsam mit der Wahrnehmung der Welt geschenkt. Ohne spekulative Denkarbeit. Jede Wahrnehmung ist hier unmittelbare Aussage. In einer solchen bildhaften Denkerfahrung bewegte sich zum Beispiel der alte Ägypter, und zwar in der Zeit, als sich die Empfindungsseele, wie früher erwähnt, menschheitlich ausbildete. Der alte Grieche erlebte zwar das Denken auch als Geschenk, jedoch zunehmend als eine innere Tätigkeit der Seele: Aristoteles begründet in seinem *Organon* die Wissenschaft der Denktätigkeit. Als eine solche verbindet sie sich im Mittelalter mit christlichem oder mystischem Geistesgut und wird zur Gemütsseele. Aber ausschließlich in der Bewusstseinsseele als Ich-Seele kann der Mensch nicht nur empfindend-denken oder denkend-fühlen, sondern er kann auch in den Begriffen, *in der Idee,* leben, in einem Element, das auf einer bestimmten Stufe innerer Erfahrung als ein schaffendes erlebt wird: ein schaffendes sowohl in mir als auch in der Weltgestaltung um mich. In dieser Gebärde der Erkenntnis-Kommunion mit der Welt lebt auch die Schaffenskraft, die sich im Ich auch als Liebe offenbaren kann. Schaffendes Denken und schöpferische Liebe sind zwei Seiten des gleichen geistigen Urgrunds.

Das alles sind Akte souveräner innerer Freiheit, denn sie wurzeln in den unausschöpflichen Tiefen unseres eigensten Wesens.

Gehe ich nun mit der Erkenntnis-Gebärde der Bewusstseinsseele an die oben geschilderte Situation heran, so werde ich auch die richtige Intuition für meine Handlung finden, die – wie ihre Ausrichtung auch werden mag – eine in Liebe getauchte Intuition sein wird und somit die Gewähr gibt, dass wir uns auf dem richtigen Weg befinden. Es ist dann an der Zukunft, *an den Folgen* meiner Taten, am weiteren Verlauf des Lebens selber abzulesen, inwieweit mein Handeln einer wahren Intuition entsprungen ist.

Rudolf Steiner hat sein Leben und sein Werk auf Weisheit und auf Liebe aufgebaut. Gerade sein Begriff von Erkenntnis und Liebe und ihre Auswirkungen auf fast allen Gebieten von Theorie und Lebenspraxis zeugen davon.

Die ganze Anthroposophie als «ein Erkenntnisweg, der das Geistige im Menschenwesen zum Geistigen im Weltenall führen möchte»,[66] ist, wie bereits hervorgehoben, Anleitung zur Weiterentwicklung der Bewusstseinsseele. Sie findet ihre Vollendung in der von Weisheit durchzogenen Liebe, auf welcher Stufe unserer Biografie wir uns auch befinden mögen.

Auf unsere Frage bezogen können wir schlussfolgern, dass die hier skizzierte Grundgesinnung der Seele die Chance einer von Verantwortung getragenen «richtigen» Intuition wesentlich erhöht. Eine freie Intuition bewirkt eine freie Tat, die unter Umständen unsere soziale Umwelt vor den Kopf stoßen kann, denn sie wird weder vom Affekt gesteuert noch von äußeren moralischen oder gesellschaftlich-familiären Zwängen, sondern allein von der Erkenntnis, von einer aus Liebe geborenen Erkenntnis, *die auch Verzicht bedeuten kann.*

Eine solche Tat der Liebe aus Weisheit bringt in die Welt etwas hinein, was vorher nicht da war. Karma wird zur Chance und Chance Tat der Liebe. Das ist dann eine Frucht gereifter Ich-Seele auf ihrer Erdenwanderung. Ein Opfer, das, in Freiheit vollbracht, unsere ganze Natur zu veredeln vermag.

Die hier behandelten Motive hat Rudolf Steiner prinzipiell verschiedentlich aufgegriffen und geklärt. In seiner grundlegenden Schrift *Die Philosophie der Freiheit,* – die im Kern als Übungsweg angelegt ist – bringt er auch seine diesbezügliche Position vielschichtig zum Ausdruck. Gerne möchte ich jetzt, am Schluss dieses Kapitels über den Karma-Gedanken, ein paar Stellen zum Abdruck bringen, die eine Art Manifest der Bewusstseinsseele sind, denn sie bilden den Boden, worauf die in dieser Arbeit dargestellten Erkenntnisse und Erfahrungen gewachsen sind:

«Keine andere menschliche Seelenbetätigung wird so leicht zu verkennen sein wie das Denken. Das Wollen, das Fühlen, sie erwarmen die Menschenseele auch noch im Nacherleben ihres

Ursprungszustandes. Das Denken lässt nur allzu leicht in diesem Nacherleben kalt; es scheint das Seelenleben auszutrocknen. Doch dies ist eben nur der stark sich geltend machende Schatten seiner lichtdurchwobenen, warm in die Welterscheinungen untertauchenden Wirklichkeit. Dieses Untertauchen geschieht mit einer in der Denkbetätigung selbst dahinfließenden Kraft, welche Kraft der Liebe in geistiger Art ist. Man darf nicht einwendend sagen, wer so Liebe im tätigen Denken sieht, der verlegt ein Gefühl, die Liebe, in dasselbe. Denn dieser Einwand ist in Wahrheit eine Bestätigung des hier geltend Gemachten. Wer nämlich zum *wesenhaften* Denken sich hinwendet, der findet in demselben sowohl Gefühl wie Willen, die letztern auch in den Tiefen ihrer Wirklichkeit; wer von dem Denken sich ab- und nur dem ‹bloßen› Fühlen und Wollen zuwendet, der verliert aus diesen die wahre Wirklichkeit. Wer im Denken *intuitiv erleben* will, der wird auch dem gefühlsmäßigen und willensartigen Erleben gerecht.»[67]

Im weiteren Verlauf des Buches geht es dann unter anderem um die richtige Intuition für das Handeln: «Das Maßgebende einer intuitiv bestimmten Handlung im konkreten Falle ist das Auffinden der entsprechenden, ganz individuellen Intuition.»[68]

Nachdem Steiner auf eine intuitive Moralität zu sprechen gekommen ist, lässt er seine Ausführungen in folgende Sätze gipfeln: «Ich handle auf dieser Stufe der Sittlichkeit nicht, weil ich einen Herrn über mich anerkenne, nicht die äußere Autorität [...] Ich erkenne kein äußeres Prinzip meines Handelns an, weil ich in mir selbst den Grund des Handelns, die Liebe zur Handlung gefunden habe. Ich prüfe nicht verstandesmäßig, ob meine Handlung gut oder böse ist; ich vollziehe sie, weil ich sie *liebe.* Sie wird ‹gut›, wenn meine in Liebe getauchte Intuition in der rechten Art in dem intuitiv zu erlebenden Weltzusammenhang drinnensteht; ‹böse›, wenn das nicht der Fall ist.»[69]

Wir entdecken hier das oben erwähnte Moment der Weisheit, nun «Weltzusammenhang» genannt. Aber nun weiter: «Ich frage mich auch nicht: wie würde ein anderer Mensch in meinem Falle handeln? – sondern ich handle, wie ich, diese besondere Individualität, zu wollen mich veranlasst sehe. Nicht das allgemein Übliche, die allgemeine Sitte, eine allgemeinmenschliche Maxime, eine sittliche Norm leitet mich in unmittelbarer Art, sondern meine Liebe zur Tat. Ich fühle keinen Zwang, nicht den Zwang der Natur, die mich bei meinen Trieben leitet, nicht den Zwang der sittlichen Gebote, sondern ich will einfach ausführen, was in mir liegt.»[70]

Greifen wir jetzt, im Sinne des bisher Gesagten, die anfangs gestellten Fragen auf und fassen das Ganze zusammen.

Menschliche Beziehungen sind unendlich komplex, aber hier geht es um eine Richtung, die man einschlagen kann, wenn mit dem echten Karma-Gedanken Ernst gemacht wird.

Zuerst stellt es sich heraus, dass «Vorbestimmung» darin zu sehen ist, dass Ereignisse und Begegnungen eintreffen werden. Zweitens treffen sie auf eine mehr oder weniger vorhandene Disposition zur Liebe, die sich unter Umständen bereits in sehr alten Zeiten – irdischen und kosmischen – angebahnt hat. Drittens – und das ist nun der Kernpunkt der ganzen Angelegenheit – bin ich im Prinzip absolut frei, *die Form zu bestimmen,* in der meine Liebe sich verwirklichen kann. Denn wahre Liebe ist ein heiliges Gut unseres Menschseins, das zu Recht konkretes Leben annehmen will. Vielleicht ist beispielsweise eine tiefe Freundschaft angesagt.

Weder «Zufall» noch «Vorbestimmung» im üblichen,

trivialen Sinn kommen also für den wirklich modernen Menschen infrage.

Tritt nun eine entsprechende Situation ein und will der Mensch – oder beide – im Sinne des wahren Ich handeln, dann wird es konkret darum gehen, unter Einbeziehung *aller* sozialen Faktoren die Intuition zur Handlung zu finden, das aber heißt: aus dem «Nichts» zu schaffen.

In *einem* Akt der Entscheidung können sich auf geheimnisvolle Weise der weisheitsvolle Überblick über die Gesamtsituation und der Willensimpuls zur individuellen Tat zu einer intuitiv geführten Handlung vereinigen. Und «sie wird gut», wenn meine in Liebe getauchte Intuition in der rechten Art in dem intuitiv zu erlebenden Weltzusammenhang drinnensteht; «böse», wenn das nicht der Fall ist.

Diese Suche nach der rechten Intuition, jetzt auch auf andere wichtige Lebenssituationen und -entscheidungen angewandt, soll freilich keine Überspannung meiner biografischen Lage bedeuten. Es geht vielmehr um eine ernste Grundstimmung dem Karma und der Liebe gegenüber, sodass echte Antworten wachsen können. Und wenn es sich herausstellt, dass meine Tat eine «böse» war, so gilt es, sie so weit wie möglich wiedergutzumachen und für die Zukunft zu lernen. Denn dazu sind unsere Fehler da.

Nun sind einige Aspekte der Liebe in den vergangen Seiten zur Sprache gekommen. Es ist vor allem die Rede von der Tatsache gewesen, dass in unserem tieferen Ich-Willen der Born einer unendlich wachsenden Liebe entdeckt werden kann, der uns von Lebensphase zu Lebensphase begleiten und bereichern kann.

Jede wahre Liebe endet nicht im Tod, sondern, vielfältig verstärkt, kehrt sie dann auf die Erde wieder zurück, um weiter zu wachsen. Inwiefern die von uns Menschen in all unserem Denken, Fühlen und Tun erreichte Liebe auch für die Evolution der Erde von Bedeutung ist, wird noch zur Darstellung kommen. Ich möchte sie zuerst in Kontrast zu Abwegen der Liebe in den Gestalten von Kundry und Amfortas zeigen, wie sie Richard Wagner in seinem *Parsifal* gezeichnet hat, und im Zusammenhang mit dem Gral.

7. Wege und Abwege der Biografie: Klingsor, Kundry, Amfortas, Parsifal

Selbst wenn wir im fortschreitenden Lebenslauf ständig versuchen, Prometheus und Epimetheus in unserer Seele ins Gleichgewicht zu bringen, und selbst wenn wir bereits in der Jugend eine tief innerliche Stimme immer wieder als Botschaft unseres wahren Seins vernehmen, lässt es sich nicht vermeiden, dass wir sozial und sonstwie auch immer wieder scheitern. Sind wir dem Leben gegenüber Bergsteiger – dann stürzen wir ab. Sind wir mit unserem Lebensschiff auf hoher See, dann wird entweder das Schiff leck oder wir fallen ins Wasser. Oder wir erleiden Schiffbruch.

Nun, einmal, dass es uns gründlich gelungen ist, zu akzeptieren, dass man im Leben das meiste aus den eigenen Fehlern lernt, bleibt einem im Grunde genommen nichts anderes übrig, als immer wieder aufzustehen, wenn man gestürzt ist, oder tüchtig weiter zu schwimmen, falls unser Boot nicht mehr seetüchtig ist.

Das gehört einerseits zu einer gewissen Tragik unser aller Biografien dazu, dass wir immer wieder uns oder der sozialen Umwelt gegenüber versagen, und andererseits stellen wir auch fest, dass wir nur so in unserer Ich-Entwicklung weiterkommen. Ein Vergleich mit der Welt des Sports liegt auf der Hand.

In meiner Jugend war ich begeisterter Hochspringer und Hürdenläufer: Was hat man nicht alles für Mühen auf sich genommen, um einen Zentimeter höher zu springen oder um Bruchteile von Sekunden früher ans Ziel zu gelangen!

Im Trainingslager übte man das Rennen mit Sandsäckchen am Gürtel, und Ähnliches tat man, um die Beine beim Springen zu stärken. Das tat man freiwillig – obwohl es sehr mühsam war, und man tat es mit Begeisterung – obwohl man immer wieder an die Schmerzgrenze gelangte.

Warum? Um bessere Resultate zu erzielen.

Wahrhaftig, ähnlich ist es um unsere Ich-Entwicklung im Zuge wiederholter Erdenleben bestellt und ebenfalls im Rahmen der diesmaligen Biografie.

Wir wachsen nur, wenn wir Hürden überwinden und wenn wir unerschrocken nach hohen Idealen greifen, unabhängig vom momentanen Zustand unserer Seele nach einem wiederholten «Fall». Und wir lernen auch, es gut zu finden, wenn die Schicksalsmächte uns die Chancen intensiver Ich-Stärkung bieten, indem sie uns «Sandsäcke» sozusagen zur Verfügung stellen.

In den früheren Kapiteln ging es auch darum zu zeigen, wie Menschenliebe beispielsweise auch Ideale umfassen kann. Nicht von einer Unterschätzung der Problematik der Liebe in der heutigen Zeit kann in den bisherigen Ausführungen die Rede sein, sondern das Augenmerk sollte auf die Möglichkeit gelenkt werden, freie, schöpferische Liebe als das schlechthin Menschliche anzusehen. Zwar ein Ideal, aber ein erreichbares.

Rudolf Steiner hat es einmal auf den Punkt gebracht: «Jede Idee, die in dir nicht zum Ideal wird, ertötet in deiner Seele eine Kraft; jede Idee, die aber zum Ideal wird, erschafft in dir Lebenskräfte.»[71]

Und doch, nichtsdestoweniger, befinden wir uns manchmal im freien Fall. Und es wird dann alles wirklich tragisch, wenn der Bergsturz eine Lähmung zur Folge hat oder wenn die Schwimmkraft nicht ausreicht. Das stellt man besonders eindringlich fest, wenn man etwas vom Lebenslauf eines Obdachlosen erfährt. Meist beginnt der Weg in die Obdachlosigkeit oder auch in die soziale Ausgrenzung mit einem schweren Schicksalsschlag – mit dem Verlust der Arbeitsstelle, einer zerbrochenen Beziehung oder auch durch Alkoholkonsum bedingt und anderes.

Streng genommen kann man es mit Recht pauschal so formulieren: Es ist der Mangel an Liebe, der alle Katastrophen der Gegenwart bewirkt. Mangel an Liebe den Menschen, Tieren, der Natur und auch der göttlichen Welt gegenüber: daher Kriege, Spaltungen, Trennungen, Verfremdungen, Dogmen – nicht zuletzt im heutigen Wissenschaftsbetrieb – und Missbrauch. Und andererseits wohnt der Liebe im vollmenschlichen Sinne eine Zaubermacht inne, eine magische Kraft, die heilt und neue Entwicklungen ermöglicht.

Das wird exemplarisch an drei Gestalten sichtbar, die, jede auf ihrem Gebiet, zu Versagern wurden: Kundry, Amfortas und Parsifal.

Zumal in jedem von uns eine «Kundry», ein «Amfortas» und ein «Parsifal» leben, kann eine Betrachtung dieser Schicksale ein weiteres Licht auf unsere Biografie werfen. Nicht zuletzt was Klingsor anbelangt, den «Vertreter des Bösen», den Träger aller Kräfte, die nach und nach zu einer «Entichung» der Seele führen: der Gegenentwurf zur Geburt des wahren Ich. Das möchte ich jetzt mit einigen Strichen charakterisieren.

In der Hochblüte des Mittelalters, im Anbruch der Neuzeit, verbreitet sich in der Welt des höfischen Lebens und der Gelehrsamkeit die Kunde von dem Gral und seinen Hütern.

Unter den Dichtern, die diesen tief in der Geistesgeschichte der Menschheit verwurzelten Sagenstoff bearbeitet haben, ragen Chrestien de Troyes, Robert de Boron und Wolfram von Eschenbach besonders hervor. Daran anknüpfend gestaltet Wagner sein «Bühnenweihfestspiel», das 1882, wenige Monate vor seinem Tod, in Bayreuth uraufgeführt wurde. An seine literarische Fassung der Geschehnisse um den Heiligen Gral werde ich mich jetzt halten.

Was ist nun der Gral?[72] Der Mittelpunkt seiner Geschichte wird mit der Gestalt Josephs von Arimathia verbunden. Er war jener Ratsherr, der von Pilatus den Leichnam Jesu erbeten hatte. Nach Robert de Boron wurde ihm vom Auferstandenen die Abendmahlschale anvertraut, in die das Blut des Gekreuzigten aufgefangen wurde und die dessen Wunderkräfte für einen Kreis von Gralsberufenen entfaltete. Chrestien de Troyes berichtet, dass am Grale die kostbarsten Steine angebracht waren, während Wolfram von Eschenbach den Gral als einen Stein bezeichnet. Wagner verwendet für seine Oper das Bild einer antiken Kristallschale.

Alle diese Bilder entspringen weniger einer subjektiven Fantasie als vielmehr der Tatsache, dass Gralszusammenhänge – wie alles Leben – von verschiedenen Seiten angeschaut werden können.

Richard Wagner lässt vor unseren Augen eine Gralswelt entstehen, die zunächst von Trauer und Verzweiflung geprägt ist. Amfortas, der Priester-König und Sohn des Titurel, des Gründers der Gralsgemeinschaft, hat die heilige Lanze verloren und ist daraufhin einem Siechtum verfallen. Nur dieser Speer, der sich jetzt in den Händen Klingsors befindet, könnte die sich nie schließende Wunde heilen. Wenn der neue, vom Grale selber berufene König nicht bald erscheint, wird Klingsor einen letzten Angriff auf die Gralsburg wagen und die verhasste Ritterschaft vernichten. Klingsor, eine Art Mephistopheles, hasst die Gralsritter, weil sie überall auf der Welt für das Gute wirken.

Gleich im ersten Akt sehen wir, wie der junge und unerfahrene Parsifal erscheint und wie er in die Gralsburg geführt wird. Er sieht zwar den leidenden Amfortas, aber er erfüllt nicht die Hoffnungen, die vor allem Gurnemanz, der weise Lehrer, in ihn gesetzt hatte.

Parsifals Bewusstsein erweist sich nicht auf der Höhe der Situation: Er versagt. Sein Bewusstsein – sein Herz – empfindet nicht tief genug die Tragik des Gralskönigs. Sein Wille ist wie gelähmt.

Erst nach jahrelangem Irren und Suchen und nach bestandenen Lebensprüfungen wird es ihm gelingen, den Speer zurückzuerobern, Klingsors Macht zu überwinden und Amfortas' Wunde zu heilen. Er wird Gralskönig, und die Ritterschaft bekommt erneut die Kraft, in die Welt zu ziehen, um «höchste Rettungswerke»[73] zu vollbringen.

Eine weibliche Gestalt, Kundry, spielt in diesem Drama von Weisheit und Liebe eine zentrale Rolle. In einer früheren Verkörperung als Herodias, wie Wagner schildert, hatte sie den Christus verhöhnt und verlacht und dadurch einen schweren Schicksalsfluch auf sich geladen. Sie hatte den Träger ihrer eigenen höheren Ichheit verspottet: das «Licht der Welt».

Nur wenn sie den Christus in einem freien Menschen wiederfindet, der sie erlöst, kann sie von ihrem Bann befreit werden.

Klingsor, der schwarze Magier, als äußerster Antipode des Gralskönigtums, hatte einmal selber Gralsritter werden wollen. Aber es war eine abgründige Selbstsucht gewesen, die ihn zu den Höhen des Grals streben ließ. Darum war sein Ersuchen abgelehnt worden. Seine «Wut» – so Wagner – verwandelte ihn in einen bösen Zauberer. Dadurch erlangte er auch die

Macht, in Kundry eine unwiderstehliche Verführungskraft zu entfesseln. Durch ihre Erotik wird jeder Mann – jeder Gralsritter –, den sie in ihre Arme schließt, zu Fall gebracht. So war es auch dem ungestümen Amfortas, dem Sohn des ersten Gralskönigs Titurel, geschehen, als er eines Tages versuchte, auf offenem Felde Klingsor zu schlagen. Kundry verführte ihn, und Klingsor entwand Amfortas die Lanze und fügte ihm die unheilbare Wunde zu. Es ist derselbe Speer, der am Karfreitag die Seite des Gekreuzigten öffnete, aus der Blut und Wasser herausflossen. In ihm, der mit dem Gral zusammen einst dem Titurel, durch «des Heilands selige Boten»,[74] anvertraut worden war, wirkt eine Macht, die die Wunderkraft des Grals immer wieder erneuert. Diese Erneuerung kann jedoch nur dann geschehen, wenn Speer und Kelch zusammen sind. Aber der sieche Amfortas, von Gewissensqualen und von Schmerzen gepeinigt, vermag immer weniger den Anblick des Grals zu ertragen. Immer seltener zelebriert er in der Gralsburg jene Feier, die für alle Gralsritter das eigentliche Geheimnis ihrer Kraft und ihrer Wirksamkeit für die Welt bedeutet.

Parsifal nun, durch Schuld und Sühne im Laufe der Jahre gegangen, wurde «durch Mitleid wissend». Er widerstand der Urgewalt Kundrys, die ihn von der Suche nach der verloren gegangenen lichten Burg wegführen wollte. Vor allem wollte er wieder zu Amfortas, dem Bruder in höchster Not, dessen Qualen und die Not des Grals ihm erst jetzt bewusst wurden. Und dadurch bricht er Klingsors Willen und überwindet den finsteren Spuk.

Wieder im Gralsgebiet, kann er jetzt durch eine Art Taufhandlung die Seele und den Leib Kundrys von allen Schlacken reinigen; dadurch kann auch sie die Gralsburg betreten.

In der anschließenden und das Drama abschließenden

Gralsfeier erfolgt die Erlösung, die Heilung Amfortas' durch Weisheit und Liebe, oder, mit den Worten Wagners im dritten Aufzug, durch «des Mitleids höchste Kraft» und des «reinsten Wissens Macht».

Es sind gewaltige Bewusstseinsprozesse, die sich im Laufe der Handlung – in dramatischer Verkürzung seiner Biografie – in Parsifal abgespielt haben. Von der Herzensdumpfheit im ersten Akt, die ihn daran hindert, eine entscheidende Frage zu stellen oder eine rettende Tat zu vollbringen, führt ihn sein Weg zu höchster Bewusstseinsklarheit, sodass er des Christus-Mysteriums als Wunder der Heilung und der geistigen Auferstehung ansichtig wird.

Wenn wir nun, gerade unter dem Aspekt der Liebe als Lebensmacht, Kundry, Amfortas und Klingsor etwas näher anschauen, werden wir mit den drei Gebärden, – Qualitäten der Seele – konfrontiert, die wir bereits unterschiedlich beleuchtet haben, aber jetzt in ihrer Ich-gefährdenden und Ich-schwächenden Form. Parsifal wird uns als der Mensch erscheinen, der zwar durch biografische Krisen und Irrungen gegangen ist und durch ein großes Versagen, der aber in seiner Bewusstseinsseele Träger von einer Weisheit und einer Liebe aus der durchchristeten Vollmacht seines Ich geworden ist.

Ich habe ja verschiedentlich von der Qualität der sinnlichen Liebe gesprochen, wie sie in der Empfindungsseele zum Ausdruck kommt. Dabei habe ich gerade diesen Aspekt der Seele vor allem in Beziehung zur Frage der Liebe gebracht. Denn die Empfindungsseele an sich ist freilich viel umfassender als der hier gemeinte Aspekt, der aber in einer Betrachtung über unsere biografische Entwicklung eine eminente Rolle spielt.

Das gilt selbstverständlich auch für die beiden anderen Seelenkräfte, die ebenfalls in ihrem Wesen vielschichtiger sind als die hier geschilderten Zusammenhänge. Denn auch sie umfassen alle Lebensgebiete, unter anderem in Kunst, Wissenschaft, Religion, sozialem Leben, Umwelt und Weiterem.

Nun kann diese vornehmlich sinnlich orientierte Liebe, in der immer das Wunder eines neuen Lebens mitschwingen kann, in Dekadenz geraten. Wenn der krasseste Egoismus – das Wesen des finsteren Klingsors – in sie Einlass bekommt, wird sie eine menschenverachtende und zerstörerische Kraft.

Wir erkennen hier die Tragik Kundrys und der abgefallenen Gralsritter, die alle zu hörigen Sklaven Klingsors wurden. Das ist aber auch die Tragik jener heutigen Auffassung der Liebe, wie sie uns durch Film, Fernsehen, Internet und Literatur begegnet. Die Formel «Sex and Crime» drückt beide Seiten der gleichen Medaille aus. Auch der MeToo-Skandal unserer Gegenwart spiegelt diesen Tatbestand wider.

Im Grunde genommen steht Kundry auch für jene Entartungen in unserer Biografie, die mit der Sammelbezeichnung *Sucht* charakterisiert wird: Das zur Souveränität aufgerufene Ich wird Sklave: Drogensucht, Spielsucht, Internetsucht, Sexsucht und anderes bedrohen seine Existenz.

In Amfortas spiegelt sich darüber hinaus das Drama der Verstandes- und Gemütsseele wider. Ihre evolutionsmäßig bedingte Ausbildung hatte in der Antike begonnen und gipfelte im Hochmittelalter. Heute lebt sie als geistiges Erbgut aus vergangenen Inkarnationen und muss *neu* erweckt werden, um sich im Rahmen der Entfaltung der Bewusstseinsseele weiter zu entwickeln. Das ist selbstverständlich eine Grundregel aller Evolution, dass frühere Stufen sich in neue Qualitäten integrieren. Aber wie es bei allem Lebendigen der Fall ist, gibt es immer wieder Ausnahmen, Vorreiter oder Nachzügler. Und das weltweit.

Die Erweckung dieser und anderer Seelenkräfte geschieht durch unsere Zivilisation in vielfältiger Weise, vor allem aber durch Erziehung und Schule. Im selben Maße, wie wir in uns die «Ich-Seele» ausbilden, wird auch die ältere Schwester weiter wachsen beziehungsweise eine neue Höhe – oder Tiefe – erreichen.

Amfortas ist königlicher Herkunft, aber sein Gralstum beruht nicht auf eigener Leistung. Sein Erbstrom hat ihm diese hohe Würde zwar eingebracht, aber sein Ich steht nicht auf gleicher Höhe. Andererseits ist er in gewissem Sinn ein Prototyp des faustischen – des heutigen – Menschen, in dem «zwei Seelen» wohnen, die in unmittelbarer Nachbarschaft der werdenden Bewusstseinsseele leben. So wie die Verstandes- und Gemütsseele sowohl am Leben des Leibes – dank der vielfältigen Sinneseindrücke – teilhat, aber auch am Leben des Geistes – durch Gedanken-Licht –, kann sie nur weiterkommen, wenn in der echten Verinnerlichung ihre Mitte gefunden wird. Denn ihre Entzweiung kann für sie verhängnisvoll werden.

Einseitig dem Kundry-Element verfallen, wird ihre schöpferische Natur verwundet und verdunkelt. Sie sehnt sich zwar, um es mit Faust zu sagen, «nach den Gefilden hoher Ahnen», aber sie kann sie nicht erreichen. Das ist Amfortas' Schicksal und oft Schicksal des gegenwärtigen Menschen, wenn er beispielsweise seine Ideale vergisst oder verkauft, um billiger Vorteile wegen. Der Bezug zur Seelenmitte und dadurch der Bezug zur vollen Realität kann aber auch durch das abstrakte Denken oder durch einseitige, selbstische innere Versenkung verloren gehen. Der Spielarten gibt es hier viele: trostloser Intellektualismus und fundamentalistische Ideologien jeglicher Art auf der einen Seite oder weltflüchtige, vergangenheitsbezogene Spiritualität, unter Umständen unter der Suggestion eines Gurus, auf der anderen.

Besonders das spezielle Kundry-Element ist immer latent, wenn der Weg zur Herzmitte – zum wahren Ich – unterbrochen wird. Das kann in der oben angedeuteten Art überhandnehmen, aber auch wenn beispielsweise Sexualtechniken zwecks «spiritueller» Erleuchtung praktiziert werden.

Das alles ist ein hochaktuelles sozial-therapeutisches Problem, wenn unser Wesenskern nicht Herr über seine Seelengrundlagen wird. Diese Spaltung muss nicht in den eben geschilderten Formen auftreten. Es gibt viele Variationen und Zwischenstufen, die sich auch anders manifestieren können, zum Beispiel in Zerrissenheiten und Depressionen unterschiedlichster Art. Im Grunde genommen hat jeder von uns – als Mensch auf dem Weg zum wahren Ich – mit seiner eigenen Kundry- und Amfortas-Natur zu ringen, vor allem im Rahmen der mitgebrachten karmischen Antezedenzien, wenn auch nicht ausschließlich.

Göttlichen Geschlechtes sind wir zwar alle, auch ein Klingsor, der ursprünglich Gralsritter werden wollte. Aber unser bewusstes Ich kann zu den wahren Tiefen der Bewusstseinsseele nur durch Weisheit und Liebe gelangen – und durch innere Freiheit. Wie Parsifal.

Repräsentiert Klingsor in jedem Menschen – ob Mann oder Frau – die Möglichkeit der Bewusstseinsseele zum schlimmsten Egoismus, wovon auch unser Jahrhundert von Anfang an nicht verschont wird, so ist das Parsifal-Element dazu veranlagt, durch Höhen und Tiefen unserer Biografie hindurch «aus des Mitleids höchster Kraft» und aus des «reinsten Wissens Macht» zu handeln. Das ist die wahre Bewusstseinsseele, wie sie sich auch in unserer Gegenwart überall vielfältig regt.

8. Kann man lieben lernen? Eine Anregung

Als Parsifal, durch Schicksal geführt, zum ersten Mal wie zufällig Gralsgebiet betritt und von Gurnemanz in die Gralsburg geführt wurde, hatte er bereits gezeigt, dass er – nichts weiß. Mit seinem Pfeil und Bogen hatte er kurz davor einen fliegenden Schwan tödlich verwundet. Zur Rede gestellt und vom Anblick des sterbenden Tieres bewegt, erkennt er seine Schuld, woraufhin er seinen Bogen zerbricht und seine Pfeile von sich schleudert:

«Gurnemanz: Wirst deiner Sündentat du inne?
Parsifal führt die Hand über die Augen
Gurnemanz: Sag, Knab', erkennst du deine große Schuld?
Wie konntest du sie begehn?
Parsifal: Ich wusste sie nicht.
Gurnemanz: Wo bist du her?
Parsifal: Das weiß ich nicht.
Gurnemanz: Wer ist dein Vater?
Parsifal: Das weiß ich nicht.
Gurnemanz: Dein Name denn?
Parsifal: Ich hatte viele,
doch weiß ich ihrer keinen mehr.
Gurnemanz: Das weißt du Alles nicht?
für sich
So dumm wie den
erfand bisher ich Kundry nur!»

Es nimmt nicht wunder, dass er kurz darauf, beim erschütternden Anblick, wie der leidende Amfortas durch Enthüllung des Grals das Rittermahl einleitet, auch nichts weiß:

«Gurnemanz: Was stehst du noch da?
Weißt du, was du sahst?
Parsifal fasst sich krampfhaft am Herzen
und schüttelt dann ein wenig mit dem Haupte
Gurnemanz *sehr ärgerlich:*
Du bist doch eben nur ein Tor!
Er öffnet eine schmale Seitentür
Dort hinaus, deinem Wege zu!
Doch rät dir Gurnemanz:
lass du hier künftig die Schwäne in Ruh
und suche dir Gänser die Gans!»[75]

Wir merken: Hätte er gewusst, was er sah, wäre er «durch Mitleid wissend» gewesen, so hätte er diese Bewusstseinsprüfung bestanden. Zwar fasst sich Parsifal am Herzen, aber er *weiß* nicht wirklich, was er sieht; keine Intuition des Handelns steigt in sein Bewusstsein hoch und auch keine Frage, denn echtes Fragen ist ein Handeln im Geiste. Obwohl der Weg des ganzen Dramas Parsifal zu einer hohen Stufe der Weisheit und Liebe führt, taucht, anders als zum Beispiel beim *Parzival* von Wolfram von Eschenbach, das Fragemotiv nicht explizit auf. Die Frage, die Parzival zu stellen hat, um den Gralskönig zu erlösen, ist: «Was wirret dir?» Dennoch ist auch dieses Motiv der Handlung des Bühnenweihfestspiels einverwoben.

Amfortas, als er in seine Würde als Gralskönig eingesetzt wurde, hatte, als Sohn des Titurels, gewiss eine von seinem Vater angelegte und geführte Vorbereitung durchgemacht.

Parsifal ist aber ein Waisenkind, der weder seine Herkunft noch seinen wahren Namen als Ausdruck seines Ich kannte. Nur durch Irren und Leiden, durch Einsamkeit und Verlassenheit im Laufe seiner biografischen Entwicklung konnte er in völliger *Freiheit* den *roten Faden* seines Schicksals aus dem Knäuel der Lebenswiderstände lösen. Und der mächtigen *inneren Stimme* folgen, die ihn zu Amfortas rief: Ein urbildliches Schicksal im Geiste der Bewusstseinsseele.

Auch der junge Rudolf Steiner, als er in Weimar mit der Herausgabe von Goethes naturwissenschaftlichen Werken am Goethe- und Schiller-Archiv beschäftigt war, kannte solche einsamen Strecken durch die Wüste. Und sie sollten nicht die einzigen im Laufe seiner Biografie bleiben. An Rosa Mayreder schrieb er einmal: «Hier in Weimar, der Stadt der klassischen Mumien, stehe ich allem Leben und Treiben fremd und kühl gegenüber. Ich habe niemanden, demgegenüber ich mich aussprechen könnte, der mir auch nur im Geringsten Verständnis entgegenbrächte.»[76]

In der Tat durchzog ein parzivalisches Erkenntnisstreben seine ganze Arbeit. Er wollte erneuern, nicht konservieren, ans Tageslicht bringen, nicht katalogisieren. Goethe war für ihn der «Kopernikus und Kepler der organischen Welt»[77] geworden. Noch aus dieser Zeit stammen folgende Sätze, welche den Kern der Bewusstseinsseele bereits deutlich zum Ausdruck bringen:

«Jeder besser denkende Mensch müsste ja ein Glück, das ihm irgendeine äußere Macht böte, zurückweisen, weil er doch nicht als Glück empfinden kann, was ihm als unverdientes Geschenk verabreicht wird. Wäre irgendein Schöpfer mit dem Gedanken an die Erschaffung des Menschen gegangen, dass er seinem Ebenbilde zugleich das Glück mit als Erbstück gäbe, so hätte er besser getan, ihn ungeschaffen zu lassen. Es erhöht die

Würde des Menschen, dass grausam immer zerstört wird, was er schafft; denn er muss immer aufs Neue bilden und schaffen; und im Tun liegt unser Glück, in dem, was wir selbst vollbringen. Mit dem geschenkten Glück ist es wie mit der geoffenbarten Wahrheit. Es ist allein des Menschen würdig, dass er selbst die Wahrheit suche [...]

Wenn das einmal durchgreifend erkannt sein wird, dann haben die Offenbarungsreligionen abgewirtschaftet. Der Mensch wird dann gar nicht mehr wollen, dass sich Gott ihm offenbare oder Segen spende. Er wird durch eigenes Denken erkennen, durch eigene Kraft sein Glück begründen wollen. Ob irgendeine höhere Macht unsere Geschicke zum Guten oder Bösen lenkt, das geht uns nichts an; wir haben uns selbst die Bahn vorzuzeichnen, die wir zu wandeln haben. Die erhabenste Gottesidee bleibt doch immer die, welche annimmt, dass Gott sich nach Schöpfung des Menschen ganz von der Welt zurückgezogen und den letzteren ganz sich selbst überlassen habe.»[78]

Goethe wurde in mancher Hinsicht Steiners Vorbild. Was er anstrebte, war eine Kulturerneuerung im Geiste goethescher Ideen, weil er sah, dass Goethes Anschauung der Natur ein großes Zukunftspotenzial in sich trug, und nicht nur im Hinblick auf das Feld der Naturwissenschaften. Sowohl an Goethes Erkenntnis-Art, die ihm kongenial war, wie auch an Fichtes Ich-Philosophie, die Steiner bereits Jahre vorher, während seines Studiums in Wien, vertieft hatte, wurde ihm bewusst, dass in seinem wahren Ich unsagbare Quellen von Weisheit und Liebe vorhanden sind.

In einem weiteren Brief aus jener Zeit geht es unter anderem um Goethes Prometheus-Fragment, das Steiner mit Worten verteidigt, die stark an die in jedem von uns ruhende Ich-Potenz erinnern, wie sie im vorigen Zitat zitiert wurden. Sie bestätigen bedeutsam den Ansatz der vorliegenden Arbeit über die Ich-Entwicklung im Rahmen unserer Biografie:

«Sie haben die Grundidee des Prometheus in ganz treffender Weise entwickelt; wenn mir an Ihrer Auffassung etwas bedenklich erscheint, so ist es die Opposition, die Sie der Gestalt entgegenbringen, die Goethe der Prometheussage gegeben hat. Bei Goethe erscheint die in Prometheus verkörperte Menschheit ja doch durchaus nicht als die sich in unendlichem Hochmut gegen den Weltenschöpfer empörende, sondern als die, welche gewahr wird, dass sie das Höchste, was es für sie überhaupt in der Welt geben kann, aus ihrem eigenen Selbst sich schöpfen muss und die deshalb jedes von außen auf sie einwirkende göttliche Prinzip als solches ablehnt. In dem Moment, wo der Mensch gewahr wird, dass die höchste Potenz des Daseins in unendlicher Liebe sich selbst aufgegeben hat, um in der menschlichen Seele wieder aufzuleben und hier die Taten der Freiheit zu verrichten, in demselben Momente muss er jeden Gott, der außer ihm steht, als einen Pseudogott ansehen, gegen dessen Tyrannei er sich auflehnen muss. Im Grunde stimmt damit auch Shelleys Prometheus überein, denn die Befreiung des Gefesselten durch Weisheit und Liebe bedeutet doch letzten Endes nur, dass die Fesselung in dem Momente aufhört, wo die im Innern schlummernde höchste Daseinspotenz, das ist eben Weisheit und Liebe, entbunden wird.»[79]

Es ist wunderbar, in welchem Lichte hier das Bild des Prometheus wieder auftaucht. Ja: Huldigte in Weimar die gelehrte Schicht in Bezug auf Goethe allzu sehr dem zurückschauenden Epimetheus, so ist Steiner geradezu von einem prometheischen Feuer erfüllt, das ihm ermöglicht, nach und nach theoretisch und praktisch für viele Felder des Lebens Zukunft zu schaffen.

Wenn wir nun hören, wie Weisheit und Liebe im eigenen

Ich verborgen sind, ja, dass sie als «höchste Daseinspotenz» entbunden werden können, können wir versuchen, anhand der Situation, die uns den zagenden Parsifal im wagnerschen Musikdrama zeigt oder den aus äußerlich-höfischem «Anstand» nicht fragenden Parzival bei Wolfram von Eschenbach,[80] die Frage zu stellen: Kann man lieben lernen? Wie kann die Liebe «entbunden» werden? Mit der Weisheit ist es insofern etwas einfacher, weil uns die Sinneswelt und das sich daran anschließende Denken bereits als durchzogen von Weisheit vor Augen treten. Die Empfindungsseele und die Verstandesseele finden eine gesetzmäßig aufgebaute und denkerisch-mathematisch erforschbare Welt vor sich. Durch den Erkenntnis-Ansatz der Bewusstseinsseele, wie er beispielsweise in dem bereits genannten Grundwerk Steiners, in der *Philosophie der Freiheit,* entfaltet wird, kann sich das Ich in der unmittelbaren Denkbetätigung als der Mitschöpfer seiner Erkenntnisse erleben. Anders ist es mit den Impulsen der Liebe, die dem Ich entbunden werden können. Denn die Weisheit der Welt ist auch ohne meine Person da. Aber nicht die Liebe, die aus mir geschöpft werden kann. Natürlich lieben wir bereits dies oder jenes, diesen bestimmten Menschen oder – und – andere, so wie es im konkreten Leben durchweg der Fall ist. Aber: Kann man «neue» Liebesimpulse in der Seele schaffen?

Ja, das kann man.

Die erste Voraussetzung dazu ist die, ob ich es wirklich *will.* Wie oft habe ich erlebt, in beruflichen Zusammenhängen oder auch bei privaten Anlässen, dass Menschen, obwohl es ganz anders beteuert wird, in Wirklichkeit nicht wollen. Gerade wenn ich von Freunden oder Bekannten eingeladen wurde, hier zu schlichten oder dort eine in die Brüche gehende Beziehung mitzuretten, konnte ich feststellen, dass der wahre Zauberstab,

Konflikte zu lösen oder das Schiff einer Partnerschaft wieder seetüchtig zu machen, einfach *der wahre, unverfälschte, gute Wille ist,* der sich zunächst durch eine einfache Frage äußern kann. Gerade am Beispiel der versäumten Parzival-Frage kann man entdecken, dass in der «Frage», im Neu-fragen-Lernen, ein großes Potenzial an Liebe verborgen liegt. Fragen ist wie das Graben eines Brunnens, der in jedem Menschen zur Quelle sozialer Erneuerung werden kann. Mit einer Frage – mit echtem *Interesse* am anderen – kann ein neuer oder tieferer Zugang zu unseren Mitmenschen gefunden werden, ob es sich um Bekannte, Freunde, Partner, Eltern, Kinder oder andere Menschen handelt.

Die heutige Tragik in sozialer Hinsicht besteht darin, dass wir in der Regel so befangen in uns sind, dass der andere – jenseits von Phrase oder Konvention – uns kaum interessiert. Zwar hat jeder von uns viele Probleme zu bewältigen, aber eine goldene Regel hier ist tatsächlich, so einfach oder naiv es sich anhört, die wahrhaftige, ernste, schlichte Frage, ja die Parzival-Frage:

Wie geht es dir?

Gemeint ist jetzt natürlich nicht allein das verbale Moment, sondern jene Gesinnung, die den anderen Menschen mindestens so wichtig findet wie sich selbst, um am Leben des anderen – soweit er sich öffnet – intensiver teilzunehmen. Bedeutet nicht das lateinische Wort «interesse» – *inter esse* – so viel wie: dazwischen sein? Meine engumgrenzte und selbstbezogene Egoität wird dadurch mehr und mehr zur Schale, in der das ganz Andere zu leben vermag. Selbstverständlich in jeweils dem konkreten Fall, den ich selber bestimme. Denn es geht nicht um eine pauschale Öffnung in allerweltlichem Sinn, sondern um eine jeweils individuelle, freie Wahl. Das rechte Maß ist hier das Entscheidende. Und zwar je nach dem konkreten sozialen Zusammenhang, in dem ich mich befinde. Ob bei der Arbeit, bei Freunden, in der Familie oder in der Partnerschaft. Diesbezüglich kann die immer wieder belebte Frage-Haltung wahre Treue begründen, jenseits aller Routine und Bequemlichkeit. Denn echte Treue im Mitmenschlichen überhaupt ist eine zentrale Ich-Tugend.

Vom Aspekt der Liebe im Sinne der Bewusstseinsseele und wie sie in uns «entbunden» werden kann, wird man feststellen, dass diese Gesinnung nicht nur den anderen auch in Tiefen sucht, die dem Alltagsbewusstsein zunächst verborgen sind, sondern dass man ihn auch findet. In der *Stæte* des Herzens, würde jetzt Wolfram von Eschenbach sagen, kann das Ewige in der anderen Seele zum Erlebnis werden. Nicht nur vermag dann diese Liebe den Tod zu überwinden, sondern sie ist zu einer Wandlungsmacht geworden. Thornton Wilder schließt seinen Schicksalsroman *Die Brücke von San Luis Rey* mit den Worten:

«Aber bald sterben auch wir [...] und wir selber werden noch eine Weile geliebt und vergessen werden. Aber die Liebe ist genug; denn die Liebe fließt zurück in die Kraft, aus der wir geschaffen wurden [...] Es gibt ein Land der Lebenden und ein Land der Toten, und die Brücke zwischen ihnen ist die Liebe, sie allein überlebt, sie allein ergibt einen Sinn.»[81]

Mit diesen Worten hebt Wilder die Bedeutung der Liebe für unser Leben – für unsere Biografie – als Sinn-gebende und Sinn-stiftende Kraft hervor. Er spricht auch von einer Liebe, die eine Brücke zwischen dem Land der Lebenden und dem Land der Toten ist. Davon ist ja auch hier in früheren Kapiteln die Rede gewesen. Dadurch erweitert sich auch der Radius unserer biografischen Entwicklung, die ja insgesamt Nachtodliches, Vorgeburtliches, Gegenwärtiges und Zukünftiges umfasst.

Und nicht zuletzt ist all unser Sinnen und Trachten auf Erden eingeflochten in die kosmische Biografie unseres Planeten.

9. Die kosmische Biografie von Mensch und Erde – der Gral

Rudolf Steiner, in einem unablässigen Erkenntnisringen, fand einen Weg, den Schleier, der über die Entstehung von Erde und Mensch ausgebreitet ist, zu lüften. In unzähligen Vorträgen und in vielen Büchern wurde er nicht müde, solche kosmisch-irdischen Zusammenhänge in ihrer spirituellen Dimension von verschiedenen Seiten zu beleuchten und sie für die tägliche Praxis fruchtbar zu machen. Pädagogik, Medizin, Landwirtschaft, Kunst, soziales Leben und vieles andere bekamen nachhaltige Erneuerungsimpulse, die bis in unsere Tage hinein ihre Fruchtbarkeit bewiesen haben. Darüber hinaus schilderte er in einigen Werken vielfältige Möglichkeiten, das Potenzial an Weisheit und Liebe zu entdecken, das in jedem Menschen veranlagt ist. Einen guten Anfang auf diesem Weg fand er in der freien, gedanklichen Erarbeitung der Zusammenhänge zwischen Mensch und Kosmos, die er nach und nach veröffentlichte. Den Sinn dieser Erkenntnisarbeit sah er darin, dass «das *Gefühl* und das *Verständnis für die Wahrheit* [...] *in jedem Menschen*» liegen.

«Und an dieses Verständnis, das in jeder gesunden Seele aufleuchten kann, wendet er sich [der Beobachter des Übersinnlichen] zunächst. Er weiß auch, dass in diesem Verständnis eine Kraft ist, die allmählich zu den höheren Graden der Erkenntnis führen muss. Dieses Gefühl, das vielleicht anfangs *gar nichts* sieht von dem, wovon zu ihm gesprochen wird, es ist selbst der Zauberer, der das ‹Auge des Geistes› aufschließt. In der

Dunkelheit regt sich dieses Gefühl. Die Seele *sieht* nicht; aber durch dieses Gefühl wird sie erfasst von der *Macht der Wahrheit;* und dann wird die Wahrheit nach und nach herankommen an die Seele und ihr den ‹höheren Sinn› öffnen. Für den einen mag es kürzer, für den andern länger dauern; wer Geduld und Ausdauer hat, der erreicht dieses Ziel. – Denn wenn auch nicht jeder physisch Blindgeborene operiert werden kann: *jedes geistige Auge* kann geöffnet werden; und es ist nur eine Frage der Zeit, wann es geöffnet wird.»[82]

Und so schildert er unter anderem in seiner *Geheimwissenschaft im Umriss,* auf die ich bereits hingewiesen habe,[83] die Entstehung von Mensch und Kosmos aus einer Opferhandlung hoher Geistwesen. Der Rhythmus von Evolution, Involution und Erhöhung oder Steigerung, worauf ich am Anfang dieses Buches verschiedentlich hingewiesen habe, nicht zuletzt in biografischer Hinsicht, wird hier kosmisch-urbildlich dargestellt. Ich versuche jetzt, um des Zusammenhanges willen, eine sehr kurze, wiewohl unvollständige Skizze jener gewaltigen Evolutionsvorgänge zu entwerfen.

Die *erste* Emanation oder Ausstrahlung aus unoffenbaren geistig-göttlichen Reichen, erreichte zuletzt die Stufe der *Wärme* als erste Daseinsmöglichkeit der werdenden Menschheit und aller späteren Geschöpfe.

Alles zog sich am Ende dieses ersten Weltentages nach und nach zurück. Es wurde gewissermaßen von den Schöpferwesen wieder eingeatmet. Dieser Involution folgte eine *zweite* Steigerung oder Evolution in einem Lichtkosmos als Träger des Lebens während eines zweiten Schöpfungsaktes. Der Mensch bestand damals aus einem Wärmekörper, der von Leben – von einem Ätherleib – durchzogen war. Als Element gesellte sich die *Luft* dazu.

In der *Geheimwissenschaft* wird der erste Tag der *alte Saturn* genannt. Ihm folgte die *alte Sonne,* als Kosmos des Lichtes und des Lebens. Nach einer erneuten Involution im unwahrnehmbaren Schoße der Schöpfermächte wurde dem werdenden Menschen seine Seele gleichsam eingehaucht. Als *alter Mond* erfuhr nun unser Kosmos eine neue Ausdehnung: Der *dritte* Schöpfungsakt, der zu der Wärme-Luft Leiblichkeit der Menschen das Element *Wasser* hinzufügte.

Nun bestand der werdende Mensch aus Leib, Leben und Seele. Ein Ich war in diesem leuchtenden, aber unselbstständigen Wesen noch nicht anwesend. Erst nach einer dritten Einatmung oder Zusammenziehung steigerte sich beim *vierten* Evolutions-Tag, oder Ausatmung, die Menschengestalt zu einem Ich-Träger: Das geschah auf unserem Planeten *Erde.*

Im Grunde erzählt die biblische Genesis in ihrer verschlüsselten Sprache von diesem vierten Akt aller Evolution, der ebenfalls in Schöpfungstage eingeteilt ist.

Zu den unterschiedlich zusammenwirkenden Elementen Wärme, Wasser und Luft kam jetzt das feste Element Erde dazu. Im Prozess dieser erneuten Evolution wiederholten sich im Kleinen die bereits gewesenen, kosmischen Entwicklungszyklen, bevor die eigentliche Erdenentwicklung beginnen konnte. Die *Polare Epoche, die hyperboräische* und *Lemurien* wiederholten den alten Saturn, die alte Sonne und den alten Mond. Erst mit der Entwicklung der *Atlantis* konnte der Mensch nach und nach das göttliche Geschenk des «Ich» in sich aufnehmen. Der Sinn aller dieser Wiederholungen ist in der notwendigen Anpassung aller Elemente zu den jeweils veränderten Umständen zu sehen.

Parallel zu dieser gewaltigen Schöpfung entstanden auch, nicht zuletzt, Mineralien, Pflanzen und Tiere. Und der Mensch errang nach und nach, im Laufe unterschiedlicher Kulturepochen, ein immer klareres Selbstbewusstsein und ein Bewusstsein der ihn umgebenden Naturwelt. Sein Leib bestand aus Erde, Wasser, Luft und Wärme – entsprechend metamorphosiert im Laufe der Äonen.

Es war kein «Urknall» im Urbeginne der Gesamtschöpfung, sondern Sprache, Musik, Farben, Formen, Strukturen: Der Logos sprach, und Leib, Leben, Seele und «Ich» erschienen.

Der Logos-Christus begab sich in der Zeitenwende zur Erde, um sie von Grund auf zu durchlichten und zu einem neuen – gesteigerten – Leben zu führen. Denn durch einen kosmischen «Sündenfall», wovon auch die Bibel erzählt, waren *Selbstsucht* und *Tod* in die Schöpfung eingedrungen. Die Schöpfungspotenz des Logos-Christus ergoss sich nach seiner Todesüberwindung in jede Menschenseele, sie gleichsam zur Mitarbeit aufrufend, das aber heißt, an der Vollendung der Erdenentwicklung mitzuwirken. Und das zunächst im Hinblick auf eine neue Involution aller Erdenverhältnisse am Ende der Zeiten, als Voraussetzung der drei weiteren, zukünftigen Entwicklungszyklen von Mensch und Erde: Jupiter, Venus und Vulkan. Diese Planetennamen sind nicht identisch mit den jetzigen Weltkörpern.

Das werdende Ich inkarnierte sich immer neu, immer neue und andere Erfahrungen sammelnd und später immer neues, individuelles Karma schaffend. Was ist jetzt nun der Sinn dieser gewaltigen Symphonie in mehreren Sätzen? Der höhere Sinn unserer Existenz? Der Sinn unser aller Biografien im Zusammenhang mit der Biografie der Erde im Kosmos?

Der Dichter Novalis schrieb einmal: «Wir sind auf einer Mission, zur Bildung der Erde sind wir berufen.»[84] In einem anderen Fragment sagt er: «Die Liebe ist der Endzweck der Weltgeschichte – das Amen des Universums.»[85]

Kann das wahr sein?

Wer Novalis' Werk kennt, wird unschwer beide Worte aufeinander beziehen. Im Sinne der bisherigen Ausführungen könnte man diese Worte auch als Weisheit des Grals bezeichnen, wie er im Bühnenweihfestspiel von Wagner geschildert wird: der Mensch als «Bildner» der Erde und die Liebe als Endzweck der Weltgeschichte. Kann wirklich so etwas Wunderbares gemeint sein? Man lese hier das Libretto, in dem Wagner uns sein diesbezügliches Testament hinterlassen hat: ein schmales Büchlein von kaum sechzig Seiten Umfang – abgesehen von der innig-gewaltigen Musik –, in dem Stufe um Stufe auf die verwandelnde Kraft der Liebe hingewiesen wird. Das Wort «Gral» selber kann man im Zusammenhang mit dem lateinischen *gradatim,* gradweise, interpretieren. Denn gradweise vollzieht sich für jeden von uns der Weg zu den Tiefen des «Grals».

Wir entdecken im Text sieben Stufen der Wandlung, die Parsifal durchmacht. Die *erste* ist folgende:

Nach dem Scheitern auf der Gralsburg gelangt er in das Gebiet Klingsors, in seinen Zaubergarten. Dieser wendet seine Magie an, um Kundry zu zwingen, Parsifal zu verführen. Er widersteht ihrer subtilen Versuchung in dem Augenblick, als er in seinem Herzen, wie ein Erinnerungsklang, den furchtbaren Schmerz Amfortas' empfindet, des leidenden Menschenbruders. Es ist wie ein Schrei des eigenen Gewissens.

Die *zweite* Stufe auf seinem Weg zu Amfortas sehen wir in der neuen Macht, die dem «reinen Toren» plötzlich zur Verfügung steht. Denn wie nun Klingsor sieht, dass sich Parsifal nicht beirren lässt, schleudert er den heiligen Speer, um ihn zu töten. Aber die Lanze bleibt über Parsifals Haupt schweben. Er ergreift sie und macht damit das Zeichen des Kreuzes in Richtung von Klingsors Zauberburg, die daraufhin zu dem wird, was sie vor Klingsors Zauberkünsten war: zu einer Wüste.

Liebe, Mitleid, ist hier die Macht, die das Böse überwindet. Parsifal hält unbeirrte Treue zu seinem selbstgewollten Auftrag. Liebe ist weiße Magie geworden.

Eine *dritte* Stufe der erreichten Reife vollzieht sich, indem Parsifal, selber von Gurnemanz gesalbt, nun Kundry tauft und sie von ihrem Fluch erlöst: «Die Taufe nimm und glaub an den Erlöser».[86]

Aber auch die Erde wird durch eine solche Erlösung verwandelt. Diese *vierte* Stufe erleben wir im sogenannten «Karfreitagszauber», in dem die «entsündigte Natur» ihren «Unschuldstag erwirbt».

Es ist ein Karfreitag, in dem die Glorie der Auferstehung der Erde bereits aufleuchtet. Sie wird im Sinne des Novalis neu «gebildet» durch die Kraft einer kosmisch wirkenden Menschenliebe.

Parsifal betritt nun die Gralsburg, und in der Heilung und Erlösung Amfortas' und in der Vollmacht, die er als neuer Gralskönig erlangt hat und wodurch er – dank Gral und Speer – den Gralskult als Kraftborn für die gesammelte Ritterschaft erneuert, sehen wir eine *fünfte* und *sechste* Stufe dieses Mysteriums von Weisheit und Liebe. Der eigentliche Höhepunkt, die *siebte* Stufe, kommt im Schlussbild zum Ausdruck, und zwar in dem Augenblick, in dem Parsifal den rubinrot glühenden Gral in der Gebärde des Segnens erhebt und eine weiße Taube über seinem Haupte erscheint. Diese letzten Worte, mit denen das Drama seine Krönung findet, deuten auf ein kaum fassbares Mysterium hin:

«Höchsten Heiles Wunder!
Erlösung dem Erlöser»

Es ist der Christus-Logos, das höchste Liebewesen des Alls, der sich auch mit allem Irdischen und mit aller Kreatur in der Golgatha-Stunde wesensmäßig verbunden hat.

Sich und die Welt in Weisheit und Liebe verwandeln und erlösen heißt deshalb auch, ihn in Mensch und Natur erlösen; durch des «Mitleids höchste Kraft und reinsten Wissens Macht» kann er uns dann auch in einen Kosmos der Liebe aufnehmen, der die eigentliche Zukunft der Erde sein wird. Denn er ist ja auch in höchster Instanz der schaffende Logos, der im Urbeginne war. Man erinnere sich hier an die Worte Fichtes und an Steiners Sätze über die höchste Potenz des Daseins, damit im Menschen «die im Innern schlummernde höchste Daseinspotenz, das ist eben Weisheit und Liebe», entbunden werden kann.

Tatsächlich bestätigt die Geistesforschung Steiners die hier dargelegten Zusammenhänge um den Heiligen Gral.

Denn erst in der Liebe wird Anthroposophie im Menschen wahrhaftig geboren.

«Denn eine Geisteswissenschaft ohne Liebe wäre eine Gefahr für die Menschheit.»[87]

Sie kann in uns zu einer besonderen Kraft werden, wenn «wir eine Liebe entwickeln, die nicht bloß in der Menschheit bleibt, sondern die dazu berufen ist, in den Kosmos einzudringen. In Wesenheiten, die höher sind als wir, werden wir die Liebe einströmen lassen können, und diese Wesenheiten werden sie als Opfer empfinden. Es wird Seelenopfer sein. Seelenopfer wird hinaufströmen zu denen, die einst ihre Gaben herunterströmen ließen, wie einst die Rauchopfer hinaufstrebten zu den Geistern in Zeiten, wo Menschen die spirituellen Güter noch hatten. Damals konnten die Menschen nur die symbolischen Rauchopfer zu den Göttern hinaufsenden. In der Zukunft werden die Menschen Liebesströme hinaufsenden zu den Geistern, und aus dem Liebesopfer wird wieder etwas herunterströmen: dem Menschen werden zuströmen höhere Kräfte, die, von Geistern dirigiert, mit immer größerer Macht eingreifen werden in unsere physische Welt. Das werden dann im wahren Sinne magische Kräfte sein.»[88]

In der *Geheimwissenschaft im Umriss* nimmt Steiner im letzten Kapitel direkten Bezug auf den Gral. Seine Ausführungen können sozusagen nahtlos auf die hier entwickelten Zusammenhänge bezogen werden. Es ist auch von der kosmischen Dimension der Liebe die Rede und von ihrer Macht, einen neuen Kosmos zu schaffen. Die «Wissenschaft vom Gral», die Weisheit vom Gral, ist ein Weg dazu:

«Man kann das ‹verborgene Wissen›, welches von dieser Seite die Menschheit ergreift und immer mehr ergreifen wird, nach einem Symbol die Erkenntnis vom ‹Gral› nennen. Wer dieses Symbol, wie es in Erzählung und Sage gegeben ist, seiner tieferen Bedeutung nach verstehen lernt, wird nämlich finden, dass es bedeutungsvoll das Wesen dessen versinnlicht, was oben die Erkenntnis der neuen Einweihung, mit dem Christusgeheimnis in der Mitte, genannt wird. Die neuzeitlichen Eingeweihten können deshalb auch die ‹Eingeweihten des Grals› genannt werden. Zu der ‹Wissenschaft vom Gral› führt der Weg in die übersinnlichen Welten, welcher in diesem Buche in seinen ersten Stufen beschrieben worden ist.»[89]

Und am Ende dieses Kapitels spricht er von einer inneren Weisheit im Menschen: «Und wenn sie da verinnerlicht ist, wird sie Keim der *Liebe.* Weisheit ist Vorbedingung der Liebe;

Liebe ist das Ergebnis der im ‹Ich› wiedergeborenen Weisheit.» Einige Absätze davor, ganz im inneren Einklang mit den zitierten Worten des Novalis, spricht er von der Vollmacht der Liebe in Bezug auf die Zukunft unserer aus kosmisch-göttlicher Weisheit gestalteten Welt: «Im Menschen der Erde muss diese Kraft der Liebe ihren Anfang nehmen. Und der ‹Kosmos der Weisheit› entwickelt sich in einen ‹Kosmos der Liebe› hinein.»

Damit runden sich unsere Betrachtungen zum Lebenslauf des Menschen, zu seiner biografischen Entwicklung im Rahmen zeitlicher Rhythmen und im Zusammenhang mit der kosmischen Biografie der Erde ab.

Es war zuletzt bei Rudolf Steiner auch die Rede von der «neuen Einweihung» und von «Eingeweihten des Grals». Was es damit auf sich hat, und zwar in Relation zu unserer Biografie, ist Gegenstand der nächsten Kapitel.

10. Vom Mysterienstrom in der Geschichte – Seelenproben und Sonneneinweihung

Der Titel dieses Buches, *Das Doppelantlitz der Biografie – Lebenslauf und Mysterienort,* erinnert an den römischen Gott *Janus,* wie er in Roms alten Tagen verschiedentlich abgebildet wurde und dem auch ein Tempel im *Forum Romanum* geweiht war.

Doppelgesichtig schaut er nach außen und nach innen oder nach rückwärts und vorwärts.[90] Er war aber auch der Gott des Endes und des Anfangs: Der Name Januar – *Ianuarius* – stammt ebenfalls aus dem antiken Rom. Er war aber auch der Gott der Türen und Tore oder der Schwellen. In seiner Mehrschichtigkeit sehe ich in ihm eine Personifikation der Zeit. Er wurde auch oft in Zusammenhang mit Saturnus, der römischen Bezeichnung des griechischen Zeitgottes *Chronos,* gebracht.

Wenn wir jetzt den Begriff Zeit nicht einseitig als eine Linie – die lineare Zeit – begreifen, sondern als Entwicklung, Metamorphose, Wandlung, dann haben wir eine treffende Charakterisierung der Gesichtspunkte, die ich in dieser Arbeit jeweils einnehme, um dem Gesamtkomplex Biografie gerecht zu werden. Von Vorwärts- und Rückwärtsschauen ist am Anfang die Rede gewesen: Prometheus und Epimetheus sind immer wieder aufgetaucht. Dann versuchte ich die Entwicklung von Mensch und Erde im Sinne der Dreieinigkeit: Evolution – Involution – Erhöhung oder Steigerung, darzustellen, und zwar gemäß den Rhythmen der Jahrsiebte in der Biografie und in den Schöpfungszyklen im Werden unseres Planeten.

Von den Goetheschen Begriffen: Ausdehnung – Zusammenziehung als Polarität und Erhöhung als Steigerung sprach ich auch, um auf die Spannungen oder auch Widersprüche hinzuweisen, die in der Biografie von uns allen auftreten, ja, eigentlich auftreten müssen, wenn der Lebenslauf Ausdruck einer Ich-Entwicklung im Geiste der Bewusstseinsseele werden soll. Vieles ist aus alten Tagen herüberkommend karmisch veranlagt und manches nicht. Das wurde auch hervorgehoben. So oder so kann man auch aus einem schweren Schicksal viele Goldkörner bergen.

Ob es «geplant» war oder nicht.

Im Sinne einer im Ich ebenso veranlagten Freiheit ist es möglich, immer wieder die innere Souveränität zu gewinnen, denn Freiheit und wahres Ich sind Korrelatbegriffe. Eine richtig gereifte und sachgemäß geschulte Karma-Gesinnung erlebt wohl tiefe Tragik in vielen Schicksalen, sogar tiefer als es den Anschein hat, weiß aber auch von tragenden Zukunftshoffnungen.

Nun gilt es die Polarität außen – innen schärfer ins Auge zu fassen. In der Tat sind wir, indem Gedanken über Liebe und Karma geäußert wurden, bereits von einer äußeren Betrachtung unserer Biografie immer mehr zu einer Art Innenschau vorgestoßen.

Im Zusammenhang mit dem Thema «Kosmos der Liebe» als künftiges Ziel der Erdenentwicklung, mittels einer Liebe als «Ergebnis der im ‹Ich› wiedergeborenen Weisheit», wurde auch von einer «neuen Einweihung» gesprochen.

Damit berührt Steiner im Zuge der *Geheimwissenschaft* das Thema «Mysterien», das ich jetzt und in den nächsten Kapiteln im Kontext der Innenseite unserer Biografie als Menschen des 21. Jahrhunderts näher betrachten möchte. Denn wir erleben im Alltag immer wieder Situationen, die eine gewisse Ähnlichkeit mit Proben und Prüfungen haben, wie sie in früheren Jahrhunderten – Jahrtausenden – in den Mysterientempeln der verschiedenen Hochkulturen zwecks Erlangung der «Einweihung» den Neophyten auferlegt wurden. Und es ist stimmig – damals wie heute –, wenn ein Mysterienschüler «frischer, neuer Spross» genannt wird oder «neu eingepflanzt», wie in etwa die Übersetzung aus dem griechischen *neóphytos* lautet. Man dachte in jenen alten Zeiten nicht so mechanistisch wie heute, wenn man vom Menschen sprach. Und das Herz war noch keine Pumpe geworden, genauso wenig wäre ein Reifungsprozess, der einen Neophyten zur Einweihung oder Initiation zu führen hat, als ein Wechselspiel zwischen «Input» und «Output» angesehen worden, einfach als ein Prozess nüchterner Informationsverarbeitung.

Das Thema Mysterien oder auch Mysterienkulte beschäftigt schon seit längerer Zeit sowohl moderne Historiker als auch Religionswissenschaftler.[91] Zwar zieht sich ein ununterbrochener Faden der Tradition durch die Jahrhunderte, aber mehr und mehr kommt ein zentraler Faktor der Weltgeschichte ans Tageslicht: Die Tempelanlagen waren damals die Stätten, aus denen alle Kulturimpulse in die jeweilige Zivilisation hineinflossen. Die in der Ethnologie und Anthropologie bekannten Initiationsriten, als rituelle Aufnahmen beispielsweise in die Welt der Erwachsenen oder gar die kirchliche Konfirmation, sind eigentlich ein schwacher Abglanz jener Prozeduren, die aus einem jungen «Spross» – durch «Tod» und «Neugeburt» – einen ganz neuen Menschen machten: den Eingeweihten Pharao oder Priester.

Sehr eindrucksvoll schildert Manfred Kyber in einem Gedicht, beziehungsweise in zwei zusammengehörigen Dichtungen, die dichte, ernste Stimmung, wie sie in einer altägyptischen Einweihung waltet:

INITIATION I

Schau an die Säulen, die gen Himmel ragen,
die Tore, die der Isis Namen tragen,
schau an – vielleicht zum letzten Mal.
Noch ruht in deiner Hand die Wahl.
Steigst du als Sieger auf, fällst du Besiegter nieder –
die Tore, die der Isis Namen tragen,
sie öffnen sich dem Sterblichen nicht wieder.
Noch stehst du an des Tempels Pforte,
noch denke an die Warnungsworte:
kein Sterblicher hat Isis je enthüllt.
Willst du erschaun der Göttin wahres Bild,
willst du um ewige Weisheit werben –
ein Lebender musst du im Leibe sterben.
Bist du bereit, den dunklen Gang zu gehn,
mit deinen Augen in dein eigenes Grab zu sehn?
Noch bist du nicht im Dunkel und allein.
Noch ist es Zeit.
Noch loh'n die Fackeln und der Sterne Schein
schreibt zitternd blasse Zeichen in den Stein.
Bist du bereit?
– – – –
Im Dunkel liegt das Haus.
Die Tore schlagen zu. Die Fackeln löschen aus.

INITIATION II

Vertrau dem Licht in dir, dem Gott in deinem Sein,
dann gehst du stark und rein
den Gang durch Grab und Grauen bis zum Ende
und Tod und Leben reichen sich die Hände.
Es werde Licht –
und auf des Tempels höchsten Stufen
von Angesicht zu Angesicht
schaust du die Wesenheiten, die dich schufen,
schaust unter dir zu deinen Füßen
vergangene Leben aus der Dämmerung grüßen.
Isis entschleiert, Horus ward geboren,
Osiris ist in dir erwacht.
Und neben dir blickt traumverloren
der Sphinx in die gestirnte Nacht.[92]

Die Erweckung – die Geburt – des höheren Menschen, des *Horus,* war ein Mysterium des *Stirb und Werde,* wie es im Grunde genommen, wenn auch jeweils unter anderen Vorzeichen und Bedingungen, in allen Mysterien geschah. Soweit sie sich natürlich nicht in Dekadenz oder gar in Auflösung befanden. Denn auch die kulturelle Entwicklung der Menschheit und ihre Zivilisationskraft waren den Gesetzen des Lebens und des Todes unterworfen. Geschweige denn das Leben der Mysterienstätten, das nur durch hohe moralische Maßstäbe ihre Rechtfertigung besaß. Verloren hohe ethische Maßstäbe ihre Kraft, dann war Entartung die Folge und Machtvermehrung das Ziel und nicht der Wille der guten Götter.

Horus stand für die innere Sonne, so wie sie in den Mysterien des Nordens und des Südens, des Ostens wie des Westens unter verschiedenen Namen gesucht wurde.[93]

Nach vielen Jahren der Schulung, der Belehrung und der moralischen Festigung wurde der Einzuweihende im Zuge der fortschreitenden Initiation u.a. vor Proben gestellt, die gewissermaßen die Überwindung bestimmter Elementarkräfte zum Ziel hatte: Erde, Wasser, Luft und Feuer: Kräfte, derer mehrdimensionale Wirksamkeit sich auch im Seelisch-Geistigen des Menschen äußert.

Édouard Schuré gibt in seinem Werk *Die großen Eingeweihten,* das erstmalig in französischer Sprache 1899 erschien und seitdem auch in anderen Sprachen außerordentlich viele Auflagen erlebte, eine poetisch-plastische Schilderung dieser Proben, und zwar in dem Kapitel über die Hermes-Einweihung.[94] Erst nach ihrer Meisterung konnte der Neophyt der eigentlichen Einweihung teilhaftig werden, die, wie Rudolf Steiner schildert, in einem dreitägigen, todesähnlichen Schlaf bestand. Umgeben von zwölf Initiatoren legte sich der «Todgeweihte» in einen rituellen Sarg. Vornehmlich durch Magie der Hierophanten bewirkt, verfiel der Einzuweihende in einen solchen Schlaf, der eine ähnliche Folge hatte wie ein realer Tod: Das Geistig-Seelische des Menschen trennte sich vom Körper dergestalt, dass auch die tieferen Lebenskräfte – der Ätherleib – zum Teil mitgerissen wurden. Völlig ungeschützt lag der Todesschläfer in seinem Sarg, nachdem er, vor dem Versinken ins totale Unbewusste, schauderhafte Zustände durchgemacht hatte. Der Kreis der Initiatoren sorgte wie ein magnetischer Schutzgürtel dafür, dass Elementargewalten und Seelendämonen – Mächte des Bösen – sich nicht an das «Grab» heranmachten, denn das Ich des Neophyten hatte damals nicht genug Kraft in sich, um sich frei und gefestigt in die Reiche des Geistes emporzuschwingen. Dort, wo sein Sonnenselbst zu finden war.

Dieses höhere Sonnenselbst sollte sich so mit dem Ich des Menschen verbinden, dass beim Erwachen der Neu-Geweihte Sohn der Götter genannt werden konnte. Aber er war insofern nicht frei, weil das Entscheidende bei der Einweihung, das kraftvolle Erhalten des eigenen Bewusstseins an der Schwelle zwischen dieser und jener Welt, nicht aus eigener Kraft, sondern nur durch die Hilfe der anderen Priester vonstattengegangen war.

Noch hatte die Stunde der Bewusstseinsseele lange nicht geschlagen.

Der Eingeweihte war zwar ein Wiederauferstandener, blieb aber im Einflussbereich der Priesterschaft. Diese Einweihungen vollzogen sich in der Regel in verschiedenen Stufen, je nach Aufgabenbereich des künftigen Priesters im Rahmen der vielen Aufgaben, die einem Tempel oblagen, oder, wie im alten Ägypten, wenn der Neugeborene sogar in den Dienst des Pharao zu treten hatte. Diese «Vergöttlichung» des Menschen-Ich konnte erst dann im Sinne der guten Götter geschehen, wenn das Seelische des Neophyten im Laufe der Jahre bar jeder Selbstsucht geworden war. Die Seelenhülle sollte rein wie eine Lotusblume sein, die sich aus Wassertiefen öffnet. Denn, würde eine unreine, noch selbstische Seele von einem spirituellen Genius überschattet, dann würde sie niemals von ihrem wahren Sonnen-Ich durchdrungen werden, sondern von einem Dämon. Das war ja die Tragik der durch einige Cäsaren missbrauchten Tempeleinweihungen.[95] Sie bewirkten nur eine Übersteigerung niederer Ego-Kräfte, sodass sie von den Untertanen verlangten, ihn – den Cäsar – als «Gott» anzuerkennen. Das war ja auch das Problem, das die römischen Behörden mit den ersten Christen hatten, denn sie erlebten im «Cäsar» eine Karikatur der wahren Gottheit, die in Palästina Mensch geworden war.

Und die jeweiligen römischen Machthaber dachten nicht im Geringsten daran, sich einer Reinigung ihrer Seelenkräfte zu unterziehen, geschweige denn, echte Proben zu bestehen.

Der initiatorische Gang durch die Elemente, die auch unser irdisches Menschsein konstituieren, diente einer gewissen Meisterung ihrer mehrschichtigen Kräfte.

Ich möchte sie in freier Weise darstellen, und zwar so, dass ihre Übertragung in biografische Situationen der Gegenwart nachvollziehbar wird. Selbstverständlich übernehme ich auch hier die Verantwortung meiner Aussagen, die als Anregung zum Weiterdenken gedacht sind. Ich orientiere mich zum Teil etwas an Schurés Darstellung, was die äußere Szenerie anbelangt.

Der ägyptische Mensch, damals in der Entwicklung seiner Empfindungsseele begriffen, die uns ein erstes Ich-Empfinden im Spannungsfeld zwischen der äußeren Welt der Sinne und der inneren Welt unserer Sinnesorgane ermöglicht, war noch nicht ganz der Gefühlssicherheit seines übersinnlichen Ursprungs verlustig gegangen.

Jeder Naturprozess, wie beispielsweise der Gang der Sonne oder des Mondes, war ihm ein göttliches Geschehen, denn er wusste noch, dass Sterne gleichsam Antlitze von hohen Geistwesen waren: So war Osiris im Strahlenkranz der Sonne und Isis im reinen Schein des Mondes. Solche Empfindungen waren mehr kosmisch geartet als irdisch gegründet, im Gegensatz zu Betrachtungen im Banne des Materialismus unserer Zeit.

Sollte er aber eines Tages ein Ich-Mensch werden, im vollen Besitz einer in sich gründenden Persönlichkeit – als Garant künftiger Freiheit –, dann bedurfte er eines intensiveren Eintauchens in seine Leiblichkeit, als es in seiner Zeit möglich war. Dazu war die sogenannte *Erdprobe* da, welche dazu diente, sein Geistig-Seelisches etwas fester im Körper zu verankern. Sollte er später als eine geistig führende Gestalt wirken, so musste er der übrigen Menschheit voranschreiten.

Ich stelle mir dabei eine tiefe Höhlung in der Erde vor oder einen immer enger werdenden Felsengang, in den der Einzuweihende hineinzuschreiten hatte. Dunkler und dunkler wurde der Gang und für eine bisher himmeloffene Seele immer unerträglicher. Irgendwo war eine unsagbare Einsamkeit auszuhalten, im Banne – vielleicht – von Zweifeln oder aufkommender Angst. Bis sich die Enge erweiterte, die Finsternis erhellte.

Die erste Probe war bewältigt, ein neues Lebensgefühl muss ihre Folge gewesen sein.

Die zweite der Proben, die *Wasserprobe,* dürfte auch im konkreten Element Wasser stattgefunden haben.

Vielleicht plötzlich, unerwartet, während eines Ganges durch Tempelräume – der von einem Wissenden veranlasst wurde – stürzte er in ein Becken, ohne seine Maße noch sein Ende wahrzunehmen. Gelangte er an einen Rand, so war keine Möglichkeit, die steile Wand hochzuklettern; er schwamm zurück, aber in diesem Raum voll Stille und ruhendem Wasser fand er keinen Ausweg. Bis er, vielleicht, die Augen nach oben richtete. Und dann entdeckte er ein Seil, das ihm die Möglichkeit bot, nach oben zu gelangen, um gleich in einer zunächst unsichtbaren Kammer wieder festen Boden unter seine Füße zu bekommen.

Er hatte auch die zweite Probe bestanden, die darin ihren Sinn hatte, einen Menschen, der sonst erzogen war, vorgegebenen Verhaltensmustern und Autoritäten zu folgen – ein solches Reich war theokratisch und zentralistisch geführt –, zu einer Entscheidung aus sich heraus zu veranlassen. Denn nichts tat sich sonst im Wasser. Er musste suchen und selber – selbstständig – weitermachen. Es mag sein, dass diese Probe auch anders aussah. Wie auch immer: Wir merken, es handelt sich eigentlich um Ich-Proben.

Das kam auch durch die *Luftprobe* zum Ausdruck und insbesondere durch die Feuerprobe.

Was die Luftprobe anbelangt, können wir uns eine Situation vorstellen, in welcher der Neophyt schnell und ohne Anweisung das Richtige treffen sollte. Vielleicht wurde er vor eine Art Abgrund geführt, aus dem eine unsagbare Leere den Einzuweihenden anstarrte. Und vielleicht zerbröckelte langsam der Boden unter seinen Füßen – sollte er zurück oder nach vorne, ins Ungewisse, schreiten? Er nahm dann einen Weg – entschlossen und in sich sicher –, der ihn dann in einen Raum führte, vielleicht am anderen Rand der Tiefe, wo er erwartet wurde. Die Luftprobe diente dazu, sich nicht nur wie bei der Wasserprobe aus einer gewissen Stagnation heraus zu bewegen, sondern Geistesgegenwart zu zeigen.

Am Entscheidendsten war die *Feuerprobe,* ob mit oder ohne die Hilfe von einer echten oder illusionären Feuersbrunst, wie sie Schuré schildert. Denn sie war eine starke Mutprobe, die existenziell bestanden werden musste: Inwieweit ist der künftige Eingeweihte bereit, für den Geist, für den künftigen Götterdienst auch sein Leben zu riskieren? Inwieweit war in ihm ein individuelles Ich-Gefühl eigener Unsterblichkeit gewachsen? Denn an ein Leben nach dem Tode glaubten zwar alle Ägypter. Man denke beispielsweise an die unzähligen Totenbücher als Wegweiser in die nachtodliche Welt, die den Verstorbenen beigelegt wurden. Aber damals lebte man ausschließlich in Sippenverbänden und das eigene «Ich» war erst in den Anfängen seiner Ausreifung.

Aber der künftige Eingeweihte, selbst wenn er keine Einweihung aus sich heraus hatte bewirken können, gehörte ja der

Vorhut einer neuen Menschheit an. Daher bedurfte er dieser Proben, um in das Ich-Geheimnis nach und nach einzudringen. Proben, die gewiss in einem bestimmten zeitlichen Abstand voneinander stattfanden.

Weltgeschichtlich wurde es erst nach dem Mysterium von Golgatha möglich – wie Rudolf Steiner Tod und Auferstehung Christi nennt –, dass jeder Mensch sich der Sonnenkraft seines wahren «Ich» bewusst wird: ohne dreitägigen Todesschlaf, ohne Abhängigkeit von anderen und in völliger Geistesfreiheit. Aber damals galten andere Regeln.

Wenn der mutige, reife Anwärter für die Einweihung ins Grab gelegt wurde und wenn der Scheintod eintrat, überstrahlten reinstes Licht und Wärme die einsame Geistseele, in deren Tiefen sie sich mit der Osiris-Sonne vereinigte. So wie es Manfred Kyber formuliert:

«Vertrau dem Licht in dir, dem Gott in deinem Sein,
dann gehst du stark und rein
den Gang durch Grab und Grauen bis zum Ende
und Tod und Leben reichen sich die Hände.
Es werde Licht –
und auf des Tempels höchsten Stufen
von Angesicht zu Angesicht
schaust du die Wesenheiten, die dich schufen,
schaust unter dir zu deinen Füßen
vergangene Leben aus der Dämmerung grüßen.
Isis entschleiert, Horus ward geboren,
Osiris ist in dir erwacht.
Und neben dir blickt traumverloren
der Sphinx in die gestirnte Nacht.»

Das war, etwas allgemein formuliert, der Kern aller guten Mysterien, wie auch immer ihre jeweiligen Schwerpunkte gewesen sein mochten. Die Geburt der Horus-Sonne durch Osiris in der zur Isis gewordenen Seele war – hier am Beispiel altägyptischer Einweihung gezeigt – das eigentliche Urbild aller Initiationen.

In einem Vortrag aus dem Jahre 1922 vertieft und präzisiert Steiner den eben erwähnten Zusammenhang, indem er von der Sonne in dreifacher spiritueller Hinsicht spricht.[96] Darin ist die Rede von dem Logos-Christus, wie er als Wesen der Sonne, aus noch höheren Sphären kommend, von Zarathustra erblickt wurde, und wie er damals das *höhere Geistige* im Menschen erweckte.

Er spricht dann – im Zusammenhang mit dem Herankommen des Christus in die Erdensphäre – von einer gewissermaßen schwächeren Offenbarung des hohen Sonnenwesens *im astralischen – im seelischen* – Bereich, um schließlich die noch erdennähere, elementar-spirituelle Schicht der *Ätherkräfte*, der reinen Lebenskräfte zu durchdringen. Entsprach die Osiris-Stufe vornehmlich der Seelenoffenbarung des Christus, so schildert Steiner den Zeus nicht als mythologische Gestalt, sondern auf Mysterienebene : Als eine Sonnenoffenbarung im Äther, wie sie im alten Griechenland erlebt wurde.

Hier die betreffenden Stellen, um dieses Kapitel abzurunden:

«Und dieser Weltengeist, der übte auf eine spirituelle Art seinen Einfluss auf Zarathustra aus. Und Zarathustra wusste dadurch, wie mit dem Schein, mit dem Glanz der Sonne, mit den Strahlen der Sonne auf die Erde auch die göttlich-geistigen Gnadenstrahlen kommen, welche in der Seele, in dem Geist des Menschen entzünden den höheren Menschen, zu dem sich der gewöhnliche Mensch hinaufringen soll. Und da man in jenen alten Zeiten die Initiierten nicht mit äußeren Namen nannte, sondern mit denjenigen Namen, die ihnen zukamen durch das, was sie wussten, so wurde dieser große Eingeweihte von seinen Schülern genannt und so nannte er sich: Zarathustra, Zoroaster, der strahlende Stern. Aber gemeint war die strahlende Gottheit, die die Strahlen der Weisheit auf die Erde sendet. Es war im Verhältnis zu allen späteren Einweihungen, zu allen späteren Initiationen eine höhere Initiation. Denn in demjenigen, was Zarathustra in der geistigen Weltensonne sah, lagen ja alle Kräfte, welche auf der Erde die Steine erhärten lassen, welche die Pflanzen aus ihren Keimen hervorwachsen lassen, welche die verschiedenen Tierarten über die Erde ausbreiten, welche den Menschen wachsen und gedeihen lassen. Alles dasjenige, was auf der Erde geschah, wusste der älteste Zarathustra – der strahlende Stern – durch dasjenige, was er von der Sonne als geistiges Wesen erlebte.

Und dann kam eine spätere Zeit, in der man nicht mehr so tief hineindringen konnte in die Weltengeheimnisse. Es war diejenige Zeit, die ich in meiner ‹Geheimwissenschaft› als chaldäisch-ägyptische Menschheitskultur nannte. Auch da blickte man noch hinauf zur Sonne, aber man sah jetzt die Sonne nicht mehr als die strahlende, man sah das bloß Leuchtende, das bloß Glänzende. Und Ra, dessen irdischer Repräsentant Osiris war, erschien als die eigentlich um die Erde sich bewegende Sonne, die da glänzte. So waren gewisse Geheimnisse dadurch verlorengegangen, dass man nicht mehr als Initiierter der alten Zeit in vollständiger innerer Klarheit den strahlenden Weltengott sehen konnte, sondern dass man jetzt nur dasjenige sehen konnte, was mehr aus Urkräften heraus, aus astralischen Kräften heraus von der Sonne kommt. Zarathustra sah in der Sonne noch ein Wesen; er konnte zu jener Zeit noch in der Sonne ein Wesen sehen. Die ägyptischen, die chaldäischen Initiierten, die sahen in der Sonne nur die Kräfte, welche als Lichtkräfte, welche als Bewegungskräfte von der Sonne nach der Erde kamen. Sie sahen schon nurmehr etwas niedrigeres als ein geistiges Wesen: sie sahen geistige Taten, aber nicht ein geistiges Wesen. Und als denjenigen, der auf der Erde das repräsentiert, was man von den Kräften der Sonne als Mensch in sich trägt, bezeichneten diese alten ägyptischen Eingeweihten den Osiris.

Und wenn wir in die griechische Zeit kommen, also schon in das achte, siebente, fünfte Jahrhundert und so weiter vor dem Mysterium von Golgatha, da sah man nicht mehr in die Geheimnisse der Sonne, da sah man nur noch dasjenige, was sich um die Erde herum als Wirkung der Sonne zeigte. Da sah man gewissermaßen nur die Wirkung der Sonne in dem Äther, der den Raum um die Erde herum erfüllt. Und das, was sich als Äther um die Erde herum ausbreitet, was auch den Menschen durchdringt, das bezeichneten die griechischen Initiierten – nicht das Volk, aber die griechischen Initiierten – als den Zeus.

Und so gab es eine Stufe der menschlichen Kulturentwicklung, in welcher die Initiierten in der Sonne ein göttlich-geistiges Wesen sahen, dann diejenige Stufe, in welcher die Initiierten in der Sonne Kräfte sahen, die da wirken, und eine dritte Stufe, in welcher die Initiierten nurmehr die Wirkungen des Sonnenwesens im Äther der Erde sahen.» Und zuletzt erschien «das Licht der Welt»[97] in Palästina und wurde für alle Zukunft der Urheber aller zukünftigen Einweihungen in die wahre Sonnensphäre unseres Ich.

Das ist die Gralseinweihung.

Ich schrieb am Anfang dieses Kapitels, dass wir Menschen des 21. Jahrhunderts immer wieder Situationen im Alltag durchmachen, die eine Ähnlichkeit mit Proben und Prüfungen haben, wie sie in früheren Zeiten in den Tempeln den Neophyten auferlegt wurden.

Für einc Innenbetrachtung unserer Biografie – das andere Janus-Antlitz – ist jetzt wichtig, auf eine menschheitliche Situation hinzuweisen, die uns alle angeht und welche im nächsten Kapitel gesondert thematisiert wird.

Rudolf Steiner spricht in unterschiedlichen Variationen von einem menschheitlichen, unbewussten Überschreiten der Schwelle der geistigen Welt. Das fing bereits zu Beginn der Neuzeit an und wurde von Jahrzehnt zu Jahrzehnt immer akuter. Anders gesagt heißt es, dass alle Menschen der Gegenwart, mehr oder weniger intensiv, je nach karmischer Voraussetzung, zu Neophyten geworden sind. Das bedeutet auch, dass unsere Biografie eigentlich ein Mysterienort geworden ist. Mit Prüfungen zwar, aber auch mit neuen Offenbarungen und Wirkungen des hohen Sonnengeistes Christus und seiner lichten Helfer, die er für die Menschheit der Gegenwart, soll sie wirklich im Sinne des Erdenzieles weiter kommen, zu geben bereit ist. Das erweitert den Radius unserer biografischen Entwicklung im Sinne einer wirklichen Steigerung unseres Lebens im Alltag. Denn das menschheitliche Überschreiten der Schwelle ist einem konkreten geistig-seelischen Todesprozess vergleichbar. Das heißt aber auch, dass solche Offenbarungen und Wirkungen Christi immer eine Verwandlungs-, eine Auferstehungstendenz in sich tragen. Sie sind nicht im üblichen Sinne überwältigende oder gar rauschartige Erleuchtungen. Oft, als Nachklang in unserer Seele, stellen sie auch Fragen an unser freies Gewissen, ob wir seine Nachfolge anzutreten bereit sind.

11. Menschheit an der Schwelle – die Biografie als Mysterienort

«Und neben dir blickt traumverloren / der Sphinx in die gestirnte Nacht.» So endet der zweite Teil des Initiationsgedichtes von Manfred Kyber. Wir haben davor gelesen, dass der Schleier der Isis in der Seele des Neugeweihten gehoben wurde und dass der Gott Osiris, als Horus, in ihm weiter lebte.

Und doch gerieten auch die hohen Sonnenmysterien Ägyptens nach und nach in Dekadenz, wie auch früher oder später alle anderen vorchristlichen Mysterien. Jedoch, von einem geschichtlich-spirituellen Überblick aus betrachtet, bedeutete der langsame Verfall des weltweiten Mysteriennetzes lediglich eine Art Herbst des Einweihungswesens. Das hing vornehmlich von zwei Faktoren ab. Einerseits schickte sich der Logos-Christus an, in einem Menschen Wohnung zu nehmen. Diese Welttatsache drückt der Völkerapostel Paulus mit folgenden Worten aus: «Als aber die Erfüllung der Zeit kam, sandte Gott seinen Sohn.»[98] Und andererseits wuchs die Zeit heran, in der der Individuationsprozess der Menschheit immer konkretere Gestalt annahm. Das hatte in der weiten Kultur der Empfindungsseele, die ja nicht ausschließlich in Ägypten erwachte, sondern in anderen Ländern auch, zu einem ersten Aufleuchten eines persönlichen Ich-Bewusstsein geführt, wenn auch besonders stark im Rahmen von Blutsbanden, tradierten Ritualen oder auch in der Fortsetzung – jahrhundertelang – einer kanonischen Kunstausübung. Bereits zur Zeit Echnatons bereitete sich eine solche Befreiung vor.

Die vier Dramen, die Rudolf Steiner über heutige Menschenschicksale geschrieben hat, spielen sich gleichsam in der Nähe der Schwelle der geistigen Welt ab. In einem dieser Mysteriendramen werden wir auch Zuschauer einer misslungenen Einweihung im alten Ägypten. Es handelt sich um eine Rückschau in ein vergangenes Erdenleben.

Der Opferweise verweigert seine Hilfe dem Neophyten, einerseits, weil er ihn für unreif hält, und andererseits, weil der Opferweise weiß, dass eine neue Zeit anbricht. So lautet die Stelle:

«*Der Opferweise:*
Ich tat, was mir als Pflicht aus höhern Reichen
In dieser Feierstunde auferlegt.
Enthalten hab' ich mich, das Wort zu denken,
Das nach der Sitte mir geboten ist
Und das, von meinem Denken aus, hinüber
Zum Neophyten geistig wirken sollte.
So hat der junge Mann nicht fremdes Denken,
Er hat sein eignes Wesen hier verkündet.
Die Wahrheit hat gesiegt. – Ihr mögt mich strafen;
Ich musste tun, was ihr in Furcht erlebt.
Ich fühle schon die Zeiten nahe kommen,
Die aus dem Gruppengeist das Ich befreien
Und ihm das eigne Denken lösen werden.
Es mag der Jüngling eurem Mystenweg
Sich jetzt entringen –. Spätres Erdensein
Wird ihm die Mystenweise sicher zeigen,
Die ihm von Schicksalsmächten vorgedacht.»[99]

Diese beiden Faktoren: der Eintritt des Sonnenlogos in Erde und Menschheit und das sich befreiende Ich, wurden mit und nach der Zeitenwende die entscheidenden Momente aller künftigen Entwicklung von Erde und Mensch. Denn fortan sollten die Impulse der Christussonne nicht mehr von außen die Menschenseele erfüllen, sondern von innen her; und das Ich wurde nach und nach in die Lage versetzt, sich in absoluter Freiheit dem Welten-Ich des Auferstandenen zu vereinigen.

Diese neue Einweihung eröffnet den Blick in die Vergangenheit – mit Recht spricht Kyber vom Auftauchen «vergangener Leben» – und in die Zukunft auch, denn die Werdekräfte der Erde werden sichtbar. Nicht zuletzt erlebt der Mensch in der neuen Einweihung, in der Sonnenmacht seiner neugeborenen Ichheit, seine innige Verwandtschaft mit allen Engelhierarchien.

Das alles hat Folgen für die Art, wie wir die Geschichte der Menschheit betrachten, aber auch das Werden der Erde, nicht zuletzt im Hinblick auf unsere Arbeit im sozialen Kontext. Denn Geschichte bedeutet in Wirklichkeit nicht eine Aufeinanderfolge von Ereignissen, hauptsächlich politischer, kriegerischer, wissenschaftlich-technischer Art oder anderes, im Sinne einer oberflächlichen Verkettung von Ursachen und Wirkungen. Sie ist eine Bühne, worauf sich Menschenschicksale im Sinne karmischer Auswirkungen und Zukunftsimpulse neu begegnen – zum Wohle oder zum Verderb künftiger Generationen.

Nun wurde bereits in alten Zeiten – besonders durch Hellas – die Fackel der Individualisierung – auch im Denken – entzündet und in alle Himmelsrichtungen getragen.

Die Verstandes- und Gemütsseelenkulturen führten dann die Ich-Entwicklung bis an die Pforten der Bewusstseinsseele hin. Im Anbruch der Neuzeit sehen wir Gestalten wie Luther auftreten, der einerseits noch im Mittelalter wurzelte, der aber auch einen mächtigen Willensschritt nach vorne wagte. In ihm und in vielen anderen aus jener Zeit kämpften Prometheus und Epimetheus einen erbitterten Zweikampf. In dieser Spannung lebt allerdings zum großen Teil auch die Zivilisation, in der wir jetzt leben und handeln.

Aus einer tiefen Einsicht in die historischen Notwendigkeiten moderner Zeit heraus äußerte Rudolf Steiner, unterschiedlich nuanciert, dass die ganze Menschheit über die Schwelle der geistigen Welt, wenn auch weitgehend unbewusst, schreitet.[100]

Das hat für unser aller Biografie eine ungeheure Brisanz. Denn das bedeutet, nicht mehr und nicht weniger, dass wir uns, gemäß unserer karmischen Antezedenzien, in einer ähnlichen Lage befinden wie ein Neophyt auf dem Weg zur Einweihung. Darin dürfte auch der Grund liegen, warum Steiner die Anthroposophie als einen Erkenntnisweg konzipiert hat und warum er auch Mysteriendramen dichtete. Dramen um moderne Menschen in ihren Berufen, die sich an der Schwelle der geistigen Welt befinden. Dramatische Situationen, die auch Einblick in vergangene Inkarnationen der Protagonisten gewähren. Aber auch Situationen, die sich einerseits in hohen geistigen Regionen abspielen, aber auch in Erdentiefen, wo die Macht geistiger Finsternis lauert. Sie sind nicht zuletzt auch Dramen um Menschen, die sich mühen, die gewonnenen Einblicke in das, «was die Welt im Innersten zusammenhält»,[101] für ihre Zivilisation und Kultur fruchtbar zu machen.

Was heißt nun konkret für uns: Die Menschheit überschreitet die Schwelle? Und welche Bedeutung hat das für unsere eigene Biografie? Gibt es da auch Proben zu bestehen?

Rudolf Steiner schreibt über diese Proben sehr eindringlich in seinem klassischen Schulungsbuch *Wie erlangt man Erkennt-*

nisse der höheren Welten?[102] Seine Schilderung setzt voraus, dass man sich gewissermaßen schon in geistigen Welten aufhalten kann, oder, dass man kurz vor einem Durchbruch steht. Sie bedeuten also eine Oktave dessen, was ich vorhin mehr vom Aspekt normaler Charaktereigenschaften geschildert habe. Die Kernsignatur der durch das Bestehen solcher Proben ans Tageslicht kommenden Tugenden, wie sie Rudolf Steiner schildert, ist ähnlich wie hier, nur das Niveau der Prüfungen ist ein höheres. Außerdem setzt meine Schilderung zunächst andere, wenn auch ähnliche, Akzente.

Daher muss die Frage nach einer vollen Einweihung im Sinne jenes Werkes von Steiner zurückgestellt werden, da es nicht unser Thema ist. Das Anliegen dieser Arbeit ist eine Vertiefung normaler biografischer Entwicklung sozusagen, und zwar im Zusammenhang mit dem erwähnten unbewussten Überschreiten der Schwelle. Die Erdprobe habe ich hinzugefügt.

Selbstverständlich kreuzen sich diese Entwicklungslinien, die man aus dem Lebenslauf abliest, zum Teil mit den Gesetzen einer geistigen Schulung im oben gemeinten Sinn. Aber ich gehe vornehmlich von Phänomenen aus, die uns das Alltagsleben vor Augen führt, um es mehr und mehr als eine Mysterienangelegenheit im weiteren Sinn des Wortes zu zeigen. Im Grunde genommen ist bereits einiges von diesem Gesichtspunkte aus in den vorigen Kapiteln, wenn auch nicht ausdrücklich in diesem Sinne, geschildert worden.

Rudolf Steiner selber, in der Vorrede zur dritten Auflage seines Schulungsbuches, räumt ein, dass unser Lebenslauf bereits Einweihungscharakter haben kann und wie dieses Buch zu einer Klärung beitragen kann: «Und mancher, der durch seine Lebenserfahrung dieses oder jenes hinter sich hat, in mancher Beziehung eine Lebenseinweihung durchgemacht hat, wird eine gewisse Befriedigung finden können, wenn er im Zusammenhange geklärt findet, was ihm im Einzelnen vorgeschwebt hat; was er schon wusste, ohne vielleicht dies Wissen bis zu einer für ihn selbst hinreichenden Vorstellung gebracht zu haben.»[103]

Schauen wir jetzt erneut Kernphasen unseres Lebenslaufes in diesem Sinne etwas genauer an.

Etwa mit dem 21. Lebensjahr erscheint das Ich im Seelenhabitus des Empfindungslebens. Das Geistes-Ich bleibt in der Regel – denn es gibt im Leben immer Ausnahmen – noch verschleiert, dennoch offenbart es sich oft elementar-impulsiv, gefühlsstark und mit idealistischem Schwung. Das Bewusstseinslicht der Ichheit leuchtet bereits kräftiger gegen das 28. Lebensjahr: in der Verstandes- und Gemütsseele. Und etwa nach weiteren sieben Jahren besteht die Möglichkeit, den eigentlichen Geistkern in der Bewusstseinsseele zu erfahren. Ja, sogar das ewige Geistselbst – in dem auch Ergebnisse früherer Erdenleben enthalten sind – nach und nach im Seelen-Ich zum bewussten Leben zu erwecken.

Auf allen diesen Altersebenen taucht immer wieder die Signatur der unterschiedlichen Seelenproben auf. Sie sind im Alltagsleben so selbstverständlich, dass wir gar nicht auf den Gedanken kämen, sie in ihrer Eigenart als im tieferen Sinne zu unserem Ich gehörig zu betrachten oder gar als Proben an der Schwelle anzusehen.

Wir erinnern uns: Erdprobe, Wasserprobe, Luftprobe und Feuerprobe, die natürlich im konkreten Alltagsleben zeitlich unterschiedlich und in ihrer Intensität oder Wucht auch verschieden auftreten. Auch hier ist alles äußerst individuell. Diese «Proben» sind gewissermaßen Lebensurbilder, die in recht vielen Abschattungen unseren biografischen Werdegang begleiten. Bis zum Lebensende.

Die *Erdprobe:* Schon der ganze Inkarnationsvorgang, der mit der Geburt beginnt und sich von Jahr zu Jahr fortsetzt, ist im Grunde genommen eine einzige und einzigartige Erdprobe. Aus kosmischen, geistigen Sternenweiten – weit wie das All – müssen wir uns nach und nach in das Gehäuse der Leiblichkeit einleben. Das Leben im Körper, aus dem sich die Seele erst nach dem Tode befreit, ist in der ersten Lebenshälfte nach und nach – bis zur Midlife-Crisis hin – eine einzige Einengung, selbst wenn wir uns dessen nicht bewusst sind.

Ich habe mit Menschen gesprochen, die Nahtod-Erfahrungen gehabt haben und sie erzählten von einem ungeheuren Gefühl der Freiheit außerhalb des Körpers zu sein.

Aber diese Isolierung bringt mit sich große Einsamkeiten und auch Verlassenheit als Seelenstimmung. Jedoch im Körper und in der Einsamkeit können wir unser wahres Ich spüren, entdecken, ergreifen. Es ist eine Ich-Ebene der inneren Festigkeit als Unterpfand der Treue zu sich selbst und der Treue zu anderen Menschen, jenseits von Gleichgültigkeit und Gewohnheit. Es kann Treue zu unseren wahren Lebensidealen bedeuten. Und vieles mehr noch.

Eindrucksvoll schildert Anwar el Sadat, der 1981 tragisch ums Leben gekommene ägyptische Staatspräsident, eine solche, allerdings extreme Erdprobe. Als maßgebender Akteur des Friedensabkommens mit Israel in dem Vertrag von Camp David wurde ihm und Menachem Begin 1978 der Friedensnobelpreis verliehen.

Hier die entsprechenden Passagen aus seiner Autobiografie, die sich auf einen politisch bedingten Aufenthalt im Gefängnis beziehen:

«Zwei Orte in der Welt machen es einem Menschen unmöglich, vor sich selbst davonzulaufen: das Schlachtfeld und eine Gefängniszelle. In der Zelle 54 hatte ich nur mich selbst als Gesellschafter, Tag und Nacht. Und es war nur natürlich, dass ich dieses mein ‹Selbst› nun kennenlernte. Niemals zuvor hatte ich eine solche Gelegenheit, denn ich war stets mit meinem Dienst in der Armee und mit Politik befasst gewesen und vom Strom des Lebens überschnell dahingetrieben worden.

Nun, in der völligen Abgeschlossenheit der Zelle 54, in der ich keinerlei Verbindungen mit der Außenwelt besaß – es gab weder Zeitungen noch Radio –, war paradoxerweise das einzige Mittel, meine Einsamkeit zu durchbrechen, die Gesellschaft jener inneren Einheit zu suchen, die ich das ‹Selbst› nenne. Das war nicht leicht. Eine Barriere schien zwischen uns zu stehen. Es gab Gebiete des Leidens, die dieses ‹Selbst› im Dunkeln hielten, Schatten, die mein Denken bedrängten und die Schwierigkeiten der Selbsterkenntnis verschärften. [...]

Obgleich auf verschiedene Weise, so hat doch jeder Mensch seine ganz spezielle Berufung zu erfüllen und seine ganz besondere Verantwortung auf sich zu nehmen. Um dies zu tun, muss er sein wahres Wesen begreifen und ihm treu sein, ungeachtet der äußeren Umstände. Denn dies allein wird ihn dazu befähigen, jener Wesenheit anzugehören, die ewig größer und gewaltiger ist als sein individuelles Selbst.

In der Zelle 54 nahmen diese Gedanken die Proportionen eines wirklichen Glaubens an und bildeten einen integrierenden Teil meines wahren Ich. Wenn der Tag vorbeiging, ohne dass ich etwas getan hatte, das dieser meiner Zugehörigkeit zu der größeren und alles umfassenden Wesenheit wert war, so rief ich mich selbst zur Ordnung dafür, dass ich es unterlassen hatte, meine Verantwortung während des ganzen Tages zu tragen. [...]

Einer der wichtigsten Faktoren, der mir den Zugang zu dieser neuen Welt erleichterte, wo ich vollkommen im Frieden des Geistes lebte, war das Leid. Großes Leid baut ein menschliches Wesen auf und führt es in den Bereich der Selbsterkenntnis. Großes Leid leitet sich von den höchsten menschlichen Idealen ab.»[104]

Als Sadat in späteren Jahren zu dem großen Staatsmann wurde, wurde er auch fähig, eine große *Wasserprobe* zu bestehen. Um die erhitzte, jedoch politisch stagnierende Situation aus dem Zustand der Lähmung zu befreien, unternahm er, gleichsam aus freien Stücken, im November 1977 jenen schicksalswendenden Versöhnungsbesuch in Jerusalem, welcher dann zu einem Frieden im damaligen Nahostkonflikt führte.

Im gewöhnlichen Alltagsleben, beruflich, partnerschaftlich, kann schnell ein Zustand der Stagnation eintreten. In kleinen und in großen Ereignissen unserer Biografie gilt es dann, eine Initiativwilligkeit ans Tageslicht zu bringen, die eigentlich als Willensfeuer in unserem Ich ruht.

Also: Erdprobe – wahrhaftiges Ruhen in sich, Treue zu sich selbst. Sinnvolles Aushalten in beengenden Lebenssituationen, ohne durch Alkohol und anderes «außer sich» sein zu wollen. Gelassenheit entwickeln in der Einsamkeit.

Wasserprobe – aus eigenen Initiativkräften heraus stockende, lähmende Pattsituationen in Bewegung setzen.

Luftproben haben mit Geistesgegenwart zu tun: Das Richtige im richtigen Augenblick zu tun gehört dazu, wie auch ein Geistesblitz während eines unerwarteten Ereignisses. Sie schulen Wachheit und Präsenz in unterschiedlichen Lebenssituationen, aber auch unsere soziale Kreativität. Manchmal treten sie auch im Zusammenhang mit einer Feuerprobe auf.

Feuerprobe: Unzählige Variationen davon gibt es im Leben. Unter anderem von Zivilcourage bis zu einem entschiedenen «Nein», vom unerschrockenen Weiterhandeln ohne Rücksicht auf Verluste zu einer besonderen, mutigen Lebensentscheidung hin. So weit reicht der Bogen dieser weiteren Ich-Prüfung. Es sind natürlich nur ein paar Hinweise auf diese Zusammenhänge, die hier gegeben werden können. Der Lesende möge sie als Anregungen ansehen, die er selber anhand eigener Erfahrungen ergänzen mag.

Hier ein weiteres Beispiel aus den Erinnerungen von Laurens van der Post in einem seiner Bücher, in dem u.a. geschildert wird, wie er als Gefangener in einem japanischen Kriegsgefangenenlager auf Java in der Zeit des Zweiten Weltkrieges mit anderen Offizieren interniert worden war, die zum Teil, wie er selbst, der englischen Armee angehörten. Diese erschütternde Szene ist gleichsam eine Art urbildliche Zusammenfassung aller Proben: Gefangenschaft, gefährlich stagnierende Zustände, Notwendigkeit eines schnellen Handelns und ein Beweis eines Mutes, der dann gleichsam von einer anderen Sphäre her verstärkt wird. Wer die Werke von Laurens van der Post kennt, weiß, dass er – so wie es Steiner formuliert – zu den Menschen gehört, die «in mancher Beziehung eine Lebenseinweihung durchgemacht hat».

Der Unteroffizier Gunzo Mori hatte gerade zum Appell befohlen, weil sich die Gefangenen geweigert hatten, der Lagerleitung eine Namensliste der Techniker vorzulegen, die ihnen bei der von den Japanern auf der Insel erstellten Rüstungsindustrie helfen sollten. Er war dermaßen wütend, dass er anfing, mit Fäusten und einem zerbrochenen Stuhl auf die Gefangenen einzuschlagen. Die Lage wurde für die Offiziere immer gefährlicher und schon wurde ein Maschinengewehr in Stellung gebracht. Van der Post wusste nicht, ob dieser Appell vielleicht doch einen Vorwand für die von ihm befürchtete «Endlösung» war.

Und hier die entsprechende Stelle im Zusammenhang mit Luft- und Feuerprobe, die ich ob ihrer Bedeutung und Aussagekraft in voller Länge zitieren möchte.

«Ich war noch ganz im Widerstreit zwischen Zweifel und der Frage befangen, was ich tun könnte, um die Krise zu lösen, als ich an die Reihe kam, vor Mori anzutreten. Ich ging auf ihn zu, und plötzlich fühlte ich mich seltsam ruhig. Mir war, als sei ich ein anderer Mensch geworden, und irgendwo tief in meinem Inneren hatte jemand unendlich Weiseres die Führung übernommen – jemand, der den Vorzug hatte, von altersher, seit es Menschen auf Erden gibt, solchen Lagen gegenübergestanden zu haben. Ich stand vor Mori, und dies andere Ich fühlte Moris Schläge und Fußtritte so genau voraus, dass es mich Kopf und Körper im letzten Moment, ehe die Schläge und Tritte fielen, zur Seite bewegen ließ – und das so, dass der rasende Mensch und seine Helfer es nicht einmal merkten; doch es genügte, den Schlägen ihre Heftigkeit zu nehmen – ich spürte sie kaum.

Tatsächlich kam mir die physische Wucht dessen, was Mori mir anzutun versuchte, so bedeutungslos vor, dass, während er weiter auf mich eindrosch, das Nachdenken über die richtige Deutung dieses Geschehens ungehindert in mir weiterging. Ich suchte in meiner Vorstellung nach einem Weg, wie ich dem Ganzen ein Ende machen konnte, ehe es zu Schlimmerem ausartete, vielleicht zu etwas, was Mori selber gar nicht beabsichtigt hatte – und meine Überlegungen wurden womöglich noch klarer als zuvor. So kam es, dass, als Mori mir einen letzten Tritt versetzt hatte und mich zurück auf meinen Platz im Glied stieß und mein Blick nochmals das Maschinengewehr am Tor streifte, es mir vorkam, als höre ich tief in meinem Inneren die Stimme dieses anderen Ich, und sie befahl mir mit der Autorität des Lebens selber: ‹Mach kehrt! Geh zurück, stell dich vor Mori, damit er nochmals zuschlägt.›

Vom Verstand her gesehen sprach alles gegen ein solches Handeln. Normalerweise gab es nichts, was die Japaner mehr reizte, ihre Strafen aufs Äußerste zu treiben, als wenn wir etwas taten, was gegen ihre Regeln und ihr Ordnungsschema verstieß. Und doch klang diese Stimme in mir deutlich und unüberhörbar wie eine Glocke, sodass ich ohne Zögern kehrtmachte, zurückging und vor Mori strammstand, ehe der nächste Offizier meinen Platz einnehmen konnte.

Mori hatte bereits den Arm gehoben, um auf sein nächstes Opfer einzuschlagen. Schon wollte er loslegen, als ihm aufging, dass derselbe Mensch vor ihm stand, den er eben erst verprügelt hatte. Sein Schock über diese kleine Abweichung von einem ihm selbstverständlichen Vorgang war groß; man sah es sofort an seinen Augen. Er starrte mich von oben bis unten an – sein erhobener Knüppel blieb in der Luft stehen –, er war, man kann es nur klischeehaft ausdrücken, wie einer, der am helllichten Tag einen Geist erblickt. Sein Schock war tatsächlich so stark, dass er den immer rascher werdenden Rhythmus der Leidenschaft und Wut unterbrach, der ihn gefangen gehalten hatte. So gering die Abweichung auch war – sie begann ihn aus den vorbestimmten Prozessen kollektiver und instinktiver Reaktionen herauszulösen, die ihn umklammert gehalten hatten, und er wurde sich wohl plötzlich seiner selbst als eines Individuums bewusst, dem kein abstraktes und symbolisches Wesen gegenüberstand, sondern ein anderes

Individuum. Er stand und starrte mich an, und ein seltsames inneres Erstaunen über diese unerwartete Wendung zeigte sich in dem düsteren Glimmen seiner dunklen Augen. Er führte noch einen schwächlichen Schlag gegen meinen Kopf, dann brummte er, als ekle es ihn an, die ganze Sache sei ihm unbegreiflich und nicht einmal seiner Verachtung wert. Er gab mir einen Stoß in Richtung des angetretenen Gliedes, drehte sich um, und, weiter vor sich hinbrummend, ging er fort und entschwand unseren Blicken.»[105]

Der spirituelle Einschlag in den beiden Situationen – den bestandenen Proben – wird auch sichtbar. Bei Sadat war es die Entdeckung von seinem «wahren Ich». Im weiteren Verlauf seiner Lebensbeschreibung schildert auch Sadat weitere Einzelheiten dieses spirituellen Einschlags. Und van der Post fühlte eine höhere Dimension des Seins in seinem Inneren, das er als ein etwas «unendlich Weiseres» bezeichnet. Jeder Mensch, der solche und ähnliche Erfahrungen gemacht hat, wird sie jeweils anders nennen, entsprechend seiner Bildung und seinem Kulturkreis.

Ich sprach schon davon, dass spirituelle Erfahrungen, wie beispielsweise die Entdeckung der geistigen Dimension unseres wahren Ich, ein Wachsendes, ein Wandelndes sind. Vorausgesetzt, natürlich, dass man sie nicht schnell vergisst oder gar verdrängt, weil sie unser weltanschauliches, festes Gebäude ins Wanken bringen. Als solche, wenn man an die Horus-Geburt in den ägyptischen Mysterien zurückdenkt, sind sie Ausflüsse jener überkonfessionellen geistigen Lebensmacht, die seit dem Mysterium von Golgatha die Menschheit begleitet und, in freier Deutung von bereits zitierten Worten Steiners: «in unendlicher Liebe sich selbst aufgegeben hat, um in der menschlichen Seele wieder aufzuleben und hier die Taten der Freiheit zu verrichten».[106]

In der Tat, und das hat meines Erachtens mit der Schwellensituation unserer Zeit zu tun, schildert Steiner als Ergebnis geisteswissenschaftlicher Forschung, dass sich Christus, die geistige Sonne Zarathustras und das Licht der Welt des Evangeliums, im 19. Jahrhundert erneut geopfert hat, und zwar in der Welt der Ätherkräfte, der Lebenskräfte der Erde. Die Ätherwelt ist auch die Welt unseres, weitgehend noch unerforschten, tieferen Bewusstseins.

Die Seelen der Menschen, die seit der Neuzeit, seit dem 16. Jahrhundert, nach dem Tod in die geistigen Welten aufstiegen, waren so imprägniert von Materialismus, dass sie «die schwarze Sphäre des Materialismus» bildeten.

«Diese schwarze Sphäre wurde von Christus im Sinne des manichäischen Prinzips in sein Wesen aufgenommen, um sie umzuwandeln.» Das bewirkte einen «geistigen Erstickungstod». Aber er überwand auch diesen Tod durch seine Sonnenmacht, «damit ein Wiederaufleben des [...] Christus-Bewusstseins in den Seelen der Menschen auf Erden stattfinden kann. Dieses Wiederaufleben wird zum hellseherischen Schauen der Menschheit im 20. Jahrhundert [...] Das heißt, das Leben des Christus wird vom 20. Jahrhundert an immer mehr und mehr in den Seelen der Menschen gefühlt werden als ein direktes persönliches Erlebnis [...] Man könnte sagen, die Menschheit erlebte die Auferstehung seines Leibes in der damaligen Zeit; sie wird die Auferstehung seines Bewusstseins vom 20. Jahrhundert an erleben.»[107] Das sind alles Möglichkeiten, die sich in der Gegenwart dem unauslotbaren «Ich» des Menschen auftun.

Das eben Geschilderte entspricht auf der Ebene unserer Biografie als Mysterienort dem Höhepunkt einer durch den

Lebenslauf errungene «natürlichen» Einweihung. In gewisser Art und Weise werden hier auch Schwellen überschritten und Menschen verwandelt. So wie in ihrer Art auch Sadat und van der Post, deren Erlebnisse ich im Strahlungsbereich der Christus-Sonne deute. Und es dürfte heute kaum einen Menschen geben, der nicht irgendwann in seinem Leben, wenn auch nur für Augenblicke, den Atem einer lichten, übersinnlichen Welt gespürt hätte. Vielleicht bedingt durch manche bereits bestandene Lebensprobe an der unsichtbaren Schwelle der geistigen Welt.

Denn was ist, genauer genommen, die Schwelle der geistigen Welt? Sie ist gleichzeitig die Schwelle des Todes, damit, so wie im natürlichen Tod, wir uns unserer unsterblichen Ichheit bewusst werden, damit «Osiris» in uns erwacht.

Die Bewusstseinsseele, wenn sie in ihrer höchsten Ausprägung das Ich in seiner Selbstständigkeit, Freiheit und auch Zeitlosigkeit – *in sich* – zur Offenbarung bringen soll, dann muss sie sich zuweilen in völliger Ohnmacht und Einsamkeit empfinden. Von allen bisher mehr oder weniger bewussten Anbindungen an Gott und an die Welt muss sie sich trennen. Wie ein Licht in einem dunklen Raum muss sie selber leuchten lernen. Wie der heimkehrende Beckmann muss sie – symbolisch ausgedrückt – zunächst alle Türen als verschlossen vorfinden. Bis man das wahre Gesetz – ein schmerzliches mitunter – erkennt: Das Ich kann sich nur dann weiter entwickeln, wenn es vom Zuschauer der eigenen Situation mehr und mehr zum Handelnden aus Freiheit wird.

Das ist wahrhaftig ein Stirb-und-Werde-Prozess, um es mit Goethe zu sagen.

Die Schwellenzeit der Menschheit bedeutet also einerseits eine Art Tod in den Tiefen unserer Seelen und andererseits die

Perspektive einer Art Auferstehung aus der Vollmacht unseres Sonnen-Ichs.

Beginnt man eine geistige Schulung im Geiste der Bewusstseinsseele, wie etwa in Rudolf Steiners *Wie erlangt man Erkenntnisse der höheren Welten?*, dann verstärken sich in der Regel sowohl die Intensität der Proben als auch das Bewusstsein des Geistigen.[108] Die Biografie eines bewussten Geistesschülers in diesem Sinn bewegt sich selbstverständlich auch auf den Bahnen der bereits behandelten Jahrsiebte oder Mondknoten, erhält jedoch diesbezüglich stärkere Konturen.

Die vielen Todesängste unserer Zeit, Krankheitsängste, oder auch der immer noch grassierende Jugendwahn, sind meines Erachtens Schattenseiten der Schwelle. Der immer jung und vital bleibende Mensch – diese Sehnsucht nach nicht aufhörender Vitalität – ist eine Verleugnung der Tatsache, dass alles Leben, kosmisch, natürlich und menschlich – auch biografisch – nach Rhythmen von Leben, Tod und Neugeburt verläuft, wovon auch alle echten Einweihungsprozeduren ein mikrokosmisches Abbild waren. Daraus kamen dann die wahren, echten führenden Gestalten, die immer wieder neue Impulse für die Entwicklung der jeweiligen Kulturen zu geben vermochten.

Die Schwellensituation unserer Zeit ist auch die Ursache von vielen Krisen – eigentlich Ich- oder Identitätskrisen der Menschheit. Steiner spricht in diesem Zusammenhang auch von einer Trennung der natürlichen Verbindung oder Koppelung unseres Denkens, Fühlens und Wollens.[109] Im Sinne eines «Todesgeschehens», wie es vor und an der Schwelle prozessual zeitlich vor sich geht, ist es gut verständlich, dass sich auch das natürliche, bisherige Lebensgefühl dadurch verändert, denn Neues will im Menschen geboren werden und manches Alte wird mehr und mehr unbrauchbar. Auch manche Sucht der

Gegenwart kann bestimmt im Lichte dieser Schwellenangst angeschaut werden. Als Flucht vor dem Abgrund, der sich in uns nur deshalb auftut, damit wir mehr und mehr lernen, dass er eigentlich nur ein Tor zu unserer wahren Wirklichkeit ist. Es handelt sich in Wirklichkeit um einen Kampf mit den widermenschlichen Mächten Luzifer und Ahriman, dem Mephistopheles in uns.

Es sind alles Aspekte, die einem klar werden, wenn man anfängt, die eigene Biografie als ein «Mysteriengeschehen», das sich sozusagen in aller Öffentlichkeit abspielt, zu betrachten. In der bewussten Geistesschulung, die ja nicht Gegenstand dieser Arbeit ist, treten dann auch andere Implikationen auf – hellere und dunklere.

Aber bereits aus den Andeutungen in diesem Kapitel kann man ersehen, wie es von großer Bedeutung für unsere Gegenwart wäre, wenn, wie es einmal Steiner in etwa formulierte, das *Initiationsprinzip zum Zivilisationsprinzip* würde; denn wir alle, ob große Politiker, Magnaten, Millionäre, Filmstars, Sportasse, Unternehmer, Kirchenleute aller Ränge oder einfache Zeitgenossen, stehen an der Schwelle. So gesehen ist jede Biografie wirklich ein Mysterienort.

12. Das Phönix-Feuer des Ich im Abgrund des Nichts

Ohne die Erfahrung, dass im Ich unendliche Quellen von Schöpfertum, Klarheit, Liebe und todesüberwindender Kraft für alle Menschen potenziell veranlagt sind, wäre ich niemals an die Abfassung dieser Schrift herangegangen. Andererseits ist es mir von Kapitel zu Kapitel wie einem Perlenfischer ergangen, der immer neue Perlenfelder entdeckt und sich darauf beschränken muss, nur die nächstliegenden Austern ans Tageslicht zu fördern. Anders formuliert: Bei der Fülle der Gesichtspunkte, unter denen man das Mysterium der menschlichen Biografie betrachten kann, und insbesondere vom Aspekt eines im Lebenslauf selber gleichsam eingebauten «Einweihungsweges» im Zeitalter der Schwelle, kann es sich nur darum handeln, Anregungen zu geben. Anregungen, Gedanken, die jeder Lesende weiterdenken, gegebenenfalls annehmen oder auch ablehnen mag. Gemäß seiner Individualität, karmischer Veranlagung und prometheischer Gesinnung.

Ganz am Anfang, bezogen auf das Wort von Kierkegaard, dass das Leben vorwärts gelebt und rückwärts verstanden wird, habe ich auf das mythische Bruderpaar Prometheus und Epimetheus hingewiesen. Prometheus, der Zukunftsorientierte, und Epimetheus, der Rückwärtsgewandte, haben einen ähnlichen Gestus wie der zweigesichtige Janus des antiken Rom. Beide Seelengebärden sind Teile der Ganzheit unseres Ich: Zukunft und Vergangenheit treffen sich in einer gewissermaßen dauerhaften Gegenwart. Das souveräne Ich blickt frei in alte Zeiten zurück, bis zur frühesten Kindheit, bleibt aber nicht darin oder gar in «besseren Tagen» befangen oder gefangen, sondern weiß sich im gegenwärtigen Sein. Und es blickt, gleichsam wie ein furchtloser Steuermann, nach vorne, denn er hat Erfahrungen gesammelt und Vertrauen in eine Zukunft, die er mitgestalten kann. Es ist frei.

Da «alles Vergängliche», um es mit Goethe zu sagen, «nur ein Gleichnis»[110] ist, so haben wir beide Blickrichtungen – Vergangenheit und Zukunft – auch in dem Augenblick, als uns im Strahlenbereich der Christus-Sonne die zeit- und raumüberwindende geistige Dimension unserer Ichheit aufgeht. Dem ahnenden oder wissenden Blick dämmern vergangene Inkarnationen und kosmische Ursprünge auf, aber auch Zukunftsimpulse im Dienste des Erdenzieles werden geweckt: das «Bild» dessen, was wir werden sollen.

In der Entwicklung unserer Biografie, als Mysterienort mit seinen Prüfungen, Schrecken und Erleuchtungen angeschaut, sind solche Erfahrungen im Alltag möglich. Denn unser Schwellenzeitalter hat gewissermaßen den Sinn, uns auf das Licht der Bewusstseinsseele hinzuweisen. Die Ängste, Sorgen und Zweifel, die unsere Alltagsbegleiter zu werden drohen, sind nicht Selbstzweck. Genauso wenig Verluste, Verlassenheiten, Irrtümer und Versagen, die unsere Lebensbahn immer wieder verdüstern. Sie sind Geburtswehen unseres wahren «Ich», das den «roten Faden» mitgesponnen hat.

Paulus, der ehemalige Verfolger Christi und vielgeprüfte Apostel, hat es einmal so formuliert, gewissermaßen prophetisch-prometheisch: «Ich meine, dass alle Schwierigkeiten und Leiden des gegenwärtigen Zeitalters belanglos sind gegenüber der Lichtgewalt der Geisteswelt, die sich uns offenbaren will.»[111]

Insofern – und zusammenfassend – kann man sagen, dass unsere Alltagsbiografie zugleich ein verborgener Mysterienort ist. Die Entdeckung dieser Tatsache kann lebentragende Kraft werden. Denn Karma waltet – gewiss. Aber auch die im Ich veranlagte Freiheit.

Es ist an uns, unser Leben in diesem Lichte anzuschauen oder wie Macbeth, der in unserer Gegenwart unendlich viele «Follower» hat und der sagt, dass das Leben «ein Märchen ists, erzählt von einem Dummkopf, voller Klang und Wut, das nichts bedeutet».[112]

Ein zentraler Ansatz dieses Buches ist der Vergleich mit dem rhythmischen Wachsen, Blühen, Verblühen und Samentragen einer Pflanze, der auf vielen Ebenen unserer Biografie verfolgt werden kann. Man darf füglich geradezu sagen, dass unser Wesen sich wie ein kosmisches Samenkorn durch die Geburt in die «Erde» hinein senkt. Es trägt in sich altes Karma, das es zu entfalten gilt. Nach dem Tode steigt es in die geistigen Welten empor, angereichert mit allen Lebenserfahrungen, also wieder wie ein Samenkorn, das in den Engelsphären erneut wachsen will. Dass die eigentliche Wachstumskraft dieses Keimes der Ertrag an Weisheit und Liebe ist, der jetzt in die geistige Welt hinauf steigt, gehört auch zu diesem Bild. Denn auch ein neues Samenkorn trägt gewissermaßen seine Erfahrungen in das Leben einer künftigen Pflanze hinein. Aber zum Wesen unseres wahren Ich gehört auch der Feuerimpuls der Freiheit.

Jedoch, auch das Samenkorn muss sterben, um als Pflanzenkeim neu zu erstehen. Es löst sich in der Erde nach und nach auf, bevor der Lichteinschlag der in ihm veranlagten neuen Pflanze im Verein mit den Bodenkräften eine neue Kreatur erzeugt. Auch das ist ein Gleichnis, das uns, richtig gedeutet, dem Wesen der in uns keimenden Freiheit nahebringen kann.

Die Schwellensituation unserer Zeit – ihre Todesnähe – kann uns immer wieder und immer neu in eine Art Dunkelkammer hineinführen. Eine Dunkelkammer in Bezug auf unser bisheriges Selbstverständnis, das aus unterschiedlichen, bereits angedeuteten Gründen ins Wanken geraten ist.

Das Wechselspiel zwischen zerstörenden und aufbauenden Kräften wie im finsteren Erdbereich, bevor das neue Leben der Pflanze ans Licht kommt, ist auch an der Schwelle zur geistigen Welt zu beobachten. Identität, Ansehen, Titel, Erfolge – man denke hier an die erschütternde Schilderung Lusseyrans zurück –, sind unter Umständen alle weg. Keine Zukunftsahnung trägt einen mehr. Der «alte» Mensch stirbt. Die Dauer dieses Zustandes und seine Intensität sind auch hier sehr individuell.

Hält man es in diesem *nichtenden Nichts,* wie Heidegger sagen würde, durch, dann erfährt man die Substanz wahrhaftiger Ich-Freiheit: Nichts treibt einen weiter, nichts trägt mehr und nichts trügt mehr: Aber hier kann unsere Ich-Sonne – als Träger intimster Freiheitskräfte – das Licht der Welt erblicken. Ein blitzartiges «Es werde Licht»[113] der besonderen Art *entringt* sich dem Alten, Absterbenden, wie ein sich steigerndes «Rauschen großer Wasserströme».[114]

Das mythische Bild des Wundervogels Phönix, den die alten Perser Simurgh nannten, der sich im Feuer selbst verbrennt und aus der Asche wieder aufersteht, wird hier erlebte geistige Realität.[115]

Die tiefsinnige Symbolik der Christen in den Katakomben deutete mit dem Vogel Phönix auf den auferstandenen Jesus.

Und hier, an der Menschheitsschwelle der Gegenwart, wie Steiner es in den bereits zitierten Passagen zum Ausdruck bringt, kann das Christus-Bewusstsein «in den Seelen der Menschen auf Erden» aufleben: «Das Leben des Christus wird vom 20.

Jahrhundert an immer mehr und mehr in den Seelen der Menschen gefühlt werden als ein direktes persönliches Erlebnis.»[116]

Man kann dieses Mysterium auch so formulieren, dass das große Geheimnis echter Lebensbewältigung und Lebensmeisterschaft darin besteht, anzuerkennen und zu bejahen, dass alles Lebendige: Freundschaften, Partnerschaften, Verwandtschaften, soziale Beziehungen aller Art, aus dem Füllhorn des «Todes» – durch unser *Ich* – erneuert werden können. Dieses Gesetz, das ich bereits in Anlehnung an Goethes Worte erwähnt habe: *Stirb und Werde,* ist ein Weltgesetz, ein Urbild aller Evolution. Und ein Urbild wahrer Ich-Werdung im Zeitalter der Schwelle.

Jene Mächte, die im dunklen Erdbereich, im Bunde mit höheren Schöpferwesen, durch ihre Chaos-Wirkung die Substanz des Samenkorns auflösen, um letzten Endes neues Leben zu ermöglichen, sind bestimmten anderen Kräften verwandt, wovon in einem früheren Kapitel bereits die Rede ist. Wir erinnern uns an die Worte, mit welchen sich Mephistopheles dem staunenden Faust vorstellt:

«*Faust:* Nun gut, wer bist du denn?
Mephistopheles: Ein Teil von jener Kraft,
Die stets das Böse will und stets das Gute schafft.
Faust: Was ist mit diesem Rätselwort gemeint?
Mephistopheles: Ich bin der Geist der stets verneint!
Und das mit Recht: denn alles, was entsteht,
Ist wert, dass es zugrunde geht;
Drum besser wär's, dass nichts entstünde.
So ist denn alles, was ihr Sünde,
Zerstörung, kurz das Böse nennt,
Mein eigentliches Element.»

Und etwas weiter nennt ihn Faust

«Des Chaos wunderlicher Sohn».[117]

Ja, Mephistopheles – Luzifer und Ahriman –, das «Böse», das besonders im 20., aber auch seit Anfang des 21. Jahrhunderts einige hochrangige Politiker und Magnaten in ihrer Ego-Hybris bewirkten und bewirken, will nach wie vor soziale, kulturelle und wirtschaftliche Bereiche in Chaos und Zerstörung führen.

Und in der Tat spüren wir in der Gegenwart diesen zerstörerischen, chaotischen Geist besonders stark, und zwar buchstäblich in allen Himmelsrichtungen: im Norden wie im Süden, im Westen wie im Osten.

Die Wahrheitsethik in den Nachrichtenübermittlungen wird beispielsweise weltweit systematisch zerstört: *Fake News* umkränzen u.a. die Häupter vieler Politiker und prominenter Persönlichkeiten. Die unantastbare Würde des Ich wird oft in Kirchen, sozialen Netzen und Familien mit Füßen getreten. Da können wir uns sorgenvoll fragen: Wo ist das neue «Werden» im Geiste des Auferstandenen, wo ist wahre Friedfertigkeit, wo ein neues Ethos? Wo lebt ein neues Gefühl für die Würde der Erde, ihrer Landschaften und Lebewesen? Wo sind heute die freien Menschen, die versuchen in Weisheit und Liebe – für die Zukunft von Mensch und Erde zu wirken?

Sie gibt es, weltweit.

In Hongkong wie in Moskau. In den Vereinigten Staaten wie in China. In unzähligen jungen und alten Menschen, die Verantwortung für unsere Erde tragen. In den Nichtregierungsorganisationen, in mutigen Politikern, die unbeirrt versuchen, neue Wege in eine heilsame Zukunft zu gehen, aber auch in den Zivilgesellschaften, und nicht zuletzt in allen mittlerweile fast zahllosen Institutionen und Einzelinitiativen aus dem Geist der

Anthroposophie Rudolf Steiners. Die Liste könnte lange fortgesetzt werden: Sie alle versuchen, den Wagen unserer Zivilisation aus dem Schlamm zu ziehen.

Wenn wir eine Weltwaage hätten und in eine Schale alles Negative dieser Gegenwart legen würden und in die andere das faktisch Positive, die große Menge an Weisheit und Liebe, die heute auch weltweit am Wachsen ist, so könnte Mephistopheles bereits jetzt wissen, dass er auf die Dauer verloren hat, denn der Phönix schüttelt neu sein goldenes Gefieder.

Anmerkungen und Hinweise

1 Günther Maria Halmer: *Fliegen kann jeder – Ansichten eines Widerborstigen,* München 2019.

2 A.a.O., S. 155–158.

3 A.a.O., S. 200–201.

4 Siehe Vortrag vom 22. August 1919 in: *Allgemeine Menschenkunde als Grundlage der Pädagogik,* GA 293, Dornach/Schweiz.
Alle Zitate aus dem Werk Rudolf Steiners folgen, wenn nichts anderes vermerkt, der im Rudolf Steiner Verlag Basel erscheinenden Gesamtausgabe: GA.

5 Rudolf Steiner: *Die Philosophie der Freiheit,* Kap. «Die Idee der Freiheit», GA 4.

6 Siehe u.a. Rudolf Steiner: *Theosophie. Einführung in übersinnliche Welterkenntnis und Menschenbestimmung,* Kap. «Das Wesen des Menschen», GA 9, und den Vortrag vom 25.06.1909 in: *Das Johannes-Evangelium im Verhältnis zu den drei anderen Evangelien,* GA 112.

7 Zitiert nach Rudolf Treichler: *Die Entwicklung der Seele im Lebenslauf. Stufen, Störungen und Erkrankungen des Seelenlebens,* Stuttgart [5]1995.

8 Tobias Rapp im Kulturmagazin: *Spiegel-Bestseller,* S. 46, Herbst 2019, Hamburg 2019.

9 Siehe u.a. Anm. 6. Dort wird auch auf die Eigenschaften der beiden anderen Seelenglieder eingegangen, der Verstandes- und Gemütsseele und der Bewusstseinsseele.

10 Siehe Anm. 6.

11 Zitiert nach Bernard Lievegoed: *Lebenskrisen – Lebenschancen – Die Entwicklung des Menschen zwischen Kindheit und Alter,* II, Kap. 6, München 2001.

12 A.a.O.

13 Eine Begründung dieser Tatsache würde den Rahmen dieser Arbeit, die vor allem Anregungen zur Selbstbeobachtung geben

möchte, sprengen. Siehe u.a. Florian Roder: *Die Mondknoten im Lebenslauf – Tore der Selbsterkenntnis, Schlüssel zur Biografie,* Stuttgart 2007.

14 Eckermann, *Gespräche mit Goethe,* Gespräch vom 6. Dezember 1829.

15 Zitiert nach Sigismund von Gleich: *Marksteine der Kulturgeschichte,* IV. Teil, S. 40, Stuttgart 1973.

16 Siehe hierzu Rudolf Steiner: «Die Erziehung des Kindes vom Gesichtspunkt der Geisteswissenschaft», in: *Luzifer-Gnosis. Gesammelte Aufsätze 1903–1908,* GA 34.

17 Rudolf Steiner in *Anthroposophische Leitsätze,* hier Leitsatz vom 17. Februar 1924, GA 26.

18 Siehe u.a. Mario Betti: *Zwölf Wege, die Welt zu verstehen,* Stuttgart [2]2007.

19 *Von Thales bis Steiner – Eine Lebensgeschichte des Denkens mit einer Betrachtung über das Ich,* S. 160, Stuttgart 1985.

20 J. W. von Goethe: *Daimon – Urworte orphisch,* S. 448, Essen 2000.

21 Siehe Anm. 8.

22 In *GALA* im Abschnitt «Galastars», Nr. 48, Hamburg 2019.

23 Siehe u.a. *Das Johannes-Evangelium,* Vortrag vom 30. Mai 1908, GA 103. Siehe auch Jörg Ewertowski: *Die Entdeckung der Bewusstseinsseele,* Stuttgart 2007.

24 Giovanni Pico della Mirandola: *Die Würde des Menschen,* Fribourg / Frankfurt am Main / Wien, o. J., S. 52 f.

25 Siehe Anm. 5.

26 Aus *Wolfgang Borchert – Das Gesamtwerk,* Hamburg 1970, S. 5.

27 Aus Frederik Hetmann: *Martin Luther King,* Hamburg [3]1979, S. 155 f.

28 Apg. 17, 27–34.

29 Jacques Lusseyran: «Gegen die Verschmutzung des Ich», in: *Ein neues Sehen der Welt,* Stuttgart [4]2010.

30 Siehe Anm. 5.

31 Vgl. Rudolf Steiner: *Die Geheimwissenschaft im Umriss,* GA 13.

32 *Faust I,* Nacht.

33 Siehe Anm. 11.

34 Siehe Anm. 6.

35 *Faust I,* Vor dem Tor.

36 Siehe Anm. 26, S. 99 f.

37 A.a.O., S. 330.

38 A.a.O., S. 325.

39 Siehe u.a. Johannes Hemleben: *Paracelsus – Revolutionär, Arzt, Christ,* Frauenfeld und Stuttgart ^{2}1974.

40 Siehe Anm. 17.

41 *Faust I,* Studierzimmer.

42 Alle diese Zitate sind dem Abschnitt «Der Fürst» entnommen, enthalten in *Geschichte der Philosophie in Text und Darstellung,* Bd. 3, S. 365 f., Stuttgart 1986.

43 William Shakespeare: *Macbeth,* IV. Akt, 5. Szene, in der Übersetzung von Dorothea Tieck in: *William Shakespeare – Sämtliche Werke,* Essen 2003.

44 «Fragmente über Kosmologie und Religion», Nr. 556, in: *Novalis, Werke und Briefe,* München 1962.

45 Grafik-Werkstatt, Karte Nr. 12116, o.O.

46 Reinhold Messner: *Grenzbereich Todeszone,* Köln 1978. Zitate aus der Lizenzausgabe für den Buchclub Ex Libris, Zürich 1980.

47 A.a.O., S. 18.

48 A.a.O., S. 18.

49 A.a.O., S. 21–22.

50 A.a.O., S. 23.

51 A.a.O., S. 215.

52 Siehe Anm. 31.

53 Siehe Rudolf Steiner u.a. im Vortrag vom 4. Juli 1924, in: *Esoterische Betrachtung karmischer Zusammenhänge,* GA 237.

54 Gerald Hüther, André Stern: *Was schenken wir unseren Kindern – Eine Entscheidungshilfe,* S. 69 f., München ^{2}2019.

55 Unter anderem im Vortrag vom 17. Mai 1924, in: *Esoterische Unterweisungen für die erste Klasse der Freien Hochschule für Geisteswissenschaft,* GA 270/2.

56 «Der Seelenkalender», Spruch 41, in: *Wahrspruchworte,* GA 40.

57 *Faust II,* Finstere Galerie.

58 Aus der Ausgabe 1962, in Stuttgart in der Reihe «Denken – Schauen – Sinnen» verlegt. Alle folgenden Zitate sind dieser Ausgabe entnommen.

59 Joh. 15, 27.

60 A.a.O., 17, 20–26, in der Übersetzung von Emil Bock, Stuttgart 1980.

61 Zitiert nach Barbara Nordmeyer: *Zeitgewissen – Biografische Skizzen,* Martin Luther King, [10]1993, S. 107.

62 Am 4. Januar 1925, Leitsatz Nr. 143 in: *Anthroposophische Leitsätze,* GA 26.

63 Für das, was in diesem und im nächsten Kapitel steht, greife ich auf Kernmotive zurück, die ich als Beitrag im Buch *Es ist nicht gut, dass der Mensch allein sei – Frau und Mann im Zeitalter der Individualität,* Stuttgart 1998, behandelt habe. Das Buch wurde zusammen mit Ulrike Betti, Birgit und Wolfgang Kersten verfasst und ist längst vergriffen. Ein Teil der von mir damals behandelten Themen wird hier neu aufgegriffen: Stark verkürzt, überarbeitet und gewissermaßen auf den neuesten Stand gebracht. Was ich vor über 20 Jahren entwickeln konnte, ist naturgemäß weiter ausgereift und, was einige Grundaussagen anbelangt, noch aktueller geworden.

64 Siehe Anm. 31.

65 Alle Zusammenhänge, die mit den verschiedenen Seelenkräften zu tun haben, sind naturgemäß sehr komplex und auch vielschichtig. In dieser Arbeit wird nur eine bestimmte Seite der Empfindungsseele betrachtet, und zwar die buchstäblich oberflächlichste. An und für sich hat diese Seelenqualität weitere und tiefere Seiten. Siehe u.a. Rudolf Steiners *Welche Bedeutung hat die okkulte Entwicklung des Menschen für seine Hüllen und sein Selbst?,* 10. Vortrag vom 29. März 1913, in GA 145.

66 Siehe Anm. 17.

67 Siehe Anm. 5, Kap. «Die Faktoren des Lebens» (Zusatz zur Neuauflage).

68 Siehe Anm. 5.

69 A.a.O.

70 A.a.O.

71 In: *Wie erlangt man Erkenntnisse der höheren Welten?,* Kapitel «Bedingungen», GA 10.

72 Siehe auch Mario Betti: *Wer ist der Gral?,* Dornach/Schweiz 2006. Für diesen Abschnitt habe ich ein paar Kernmotive aus meiner Schrift überarbeitet und in das Thema dieses Buches eingefügt.

73 *Parsifal,* I. Aufzug.

74 A.a.O.

75 A.a.O.

76 Brief vom 20. Mai 1892, *Briefe II 1890–1929,* GA 39.

77 Aus den *Einleitungen zu Goethes Naturwissenschaftlichen Schriften,* Abschnitt IV, «Über das Wesen und die Bedeutung von Goethes Schriften über organische Bildung», GA 1.

78 A.a.O., Abschnitt VI, «Goethes Erkenntnisart».

79 Siehe Anm. 76, Brief an Helene Richter vom 29. August 1891.

80 *Parzival,* in der Übertragung von Wilhelm Hertz, V. Buch, «Die Gralsburg»: «Jedoch aus Anstand wollt' er schweigen.» Und einige Zeilen weiter ruft Wolfram selber aus: «Ach, dass auch jetzt er nicht gefragt! / Um seinetwillen sei's geklagt», Essen und Stuttgart 1985.

81 Thornton Wilder: *Die Brücke von San Luis Rey,* S. 154, Frankfurt am Main 2014.

82 Aus der «Einleitung» in dem Buch *Theosophie – Einführung in übersinnliche Welterkenntnis und Menschenbestimmung,* GA 9.

83 Siehe Anm. 31.

84 Siehe Anm. 44, «Blütenstaub», Fragment Nr. 32.

85 A.a.O., Fragmente: «Sophie, oder über die Frauen», Nr. 101.

86 Siehe Anm. 73, III. Aufzug. Die nächsten Zitate sind ebenfalls diesem letzten Akt entnommen.

87 Rudolf Steiner: «Die Liebe und ihre Bedeutung für die Welt», Vortrag am 17. Dezember 1912 in Zürich. In: *Erfahrungen des Übersinnlichen. Die drei Wege der Seele zu Christus,* GA 143.

88 Rudolf Steiner: Vortrag am 28. Mai 1910 in Hamburg. In: *Die Offenbarungen des Karma,* GA 120.

89 Siehe Anm. 31, Kapitel «Gegenwart und Zukunft der Welt- und Menschheitsentwicklung».

90 Stichwort: *Janus, Ianus* im Band 11 der Brockhaus-Enzyklopädie, ^{19}1990.

91 Siehe u.a. Marion Giebel: *Das Geheimnis der Mysterien – Antike Kulte in Griechenland, Rom und Ägypten,* Düsseldorf und Zürich 2000, und Hans Kloft: *Mysterienkulte der Antike – Götter, Menschen, Rituale,* München 1999.

92 Manfred Kyber: *Genius Astri – Dreiunddreißig Dichtungen,* S. 18/19, Neuausgabe Berlin 2016.

93 Siehe u.a. das bedeutende Werk von Hans Gsänger: *Mysteriengeschichte der Menschheit – Von der Atlantis bis zur Gegenwart,* Freiburg

i. Br. 1977. Gsänger verfolgt die von Rudolf Steiner in seinen vielen Aspekten gezeichnete Entwicklung des Mysterienwesens.

94 Édouard Schuré: *Die Großen Eingeweihten – Skizze einer Geheimlehre der Religionen.* Aktuelle deutsche Ausgabe: Köln 2006.

95 Siehe Rudolf Steiner, Vortrag vom 14. April 1917 in: *Bausteine zu einer Erkenntnis des Mysteriums von Golgatha,* GA 175.

96 Vortrag vom 24. April 1922 in London, in: *Das Sonnenmysterium und das Mysterium von Tod und Auferstehung,* GA 211. Alle folgenden Zitate sind diesem Vortrag entnommen.

97 Joh. 8, 12.

98 Gal. 4, 4.

99 In: *Vier Mysteriendramen,* «Der Seelen Erwachen», Achtes Bild, GA 14.

100 U.a. am 11. April 1919 in: *Vergangenheits- und Zukunftsimpulse im sozialen Geschehen,* GA 190.

101 Siehe Anm. 32.

102 Im Kapitel «Die Einweihung», GA 10.

103 A.a.O., Vorrede zur dritten Auflage.

104 Anwar El Sadat: *Unterwegs zur Gerechtigkeit – Die Geschichte meines Lebens,* S. 89 f., Wien – München – Zürich – Innsbruck, [2]1981.

105 Laurens van der Post: *Die Nacht des neuen Mondes,* S. 109 f., Berlin 1970.

106 Siehe Anm. 79 und 76.

107 Vortrag vom 2. Mai 1913 in: *Vorstufen zum Mysterium von Golgatha,* GA 152.

108 Siehe u.a. auch das reichhaltige Werk von Corinna Gleide: *Die Geburt der geistigen Sonne – Meditative Wege und Erfahrungen,* Stuttgart 2018. In diesem Buch sind vielfältige Anregungen zu einer Geistesschulung im Zeitalter der Schwelle.

109 Siehe Anm. 71, Kapitel «Die Spaltung der Persönlichkeit während der Geistesschulung».

110 *Faust II,* Bergschluchten, Wald, Fels, Einöde.

111 Röm. 8, 18.

112 Siehe Anm. 43.

113 Gen. 1, 3.

114 Apok. 1, 15.

115 Siehe hierzu Sigismund von Gleich, das Kapitel «Das Königreich

Saba und die Phönix-Mysterien» in: *Marksteine der Kulturgeschichte,* Stuttgart 1982 (neue Auflage).

116 Siehe Anm. 107.

117 Siehe Anm. 32, Studierzimmer.

Mario Betti
Das Rosenkreuz
Von der Einwohnung des Christus im Menschen
175 Seiten, gebunden mit Schutzumschlag

Mario Betti unternimmt eine vertiefende Betrachtung der Meditation des Rosenkreuzes als Urphänomen innerer Durchchristung. Hierdurch erscheinen auch Kernmotive des Lebens Jesu vor und nach der Jordantaufe in einem das menschliche Schicksal erleuchtenden wie ordnenden neuem Licht.

«Das hohe spirituelle Sonnenwesen Christus ist seit der Zeitenwende mit der Erde – mit all ihren Reichen – wesensmäßig verbunden. Eine ursprüngliche Glaubenskraft konnte ihn ‹erleben›. Dazu kam, im Zuge des Mittelalters, bis zum Anbruch der Neuzeit hin, die Fähigkeit, mit Glauben und Denken vereinigt, die Mysterien Christi zu ‹verstehen›. Heute besteht auch die Möglichkeit, den Christus als innere und äußere Instanz des eigenen ‹Ich› zu ‹gewärtigen›. Es ist zugleich die Erschaffung eines neuen Menschen im Menschen aus der vereinten Kraft der Kreatur mit dem schöpferischen Wort vom Urbeginn.»

Mario Betti

Mario Betti
Erkenntnis und Tat
Auf dem Weg der sieben Intelligenzen
187 Seiten, gebunden mit Schutzumschlag

Was ist Intelligenz? Mario Betti zeigt, dass der Mensch in seinem Erkennen und Handeln eine unterschiedlich ausgeprägte Siebenheit zum Ausdruck bringt, wie auch am Sternenhimmel Sonne, Mond und Planeten. Für die Zukunft von Erde und Mensch ist es nicht unerheblich, auch den kosmischen Bezug der menschlichen Intelligenz zu erkennen.

Mario Betti
Wandlungen im Erleben des Christus
181 Seiten, gebunden mit Schutzumschlag

Wie hat sich das Erleben des Christus im Lauf der Zeit verändert? Mario Betti schildert an markanten Beispielen drei ursprüngliche Formen des Erlebens des Christus und verfolgt ihren gegenwärtigen Wandel.

«Das Buch möchte eine Anregung zum Verständnis der Art sein, wie Christus heute im Dreiklang unserer Seelenkräfte erlebt werden kann. Es möchte auf Möglichkeiten hinweisen, dem Christus jenseits allen Historismus, in der Gleichzeitigkeit, zu begegnen. Es ist kein theologisches Lehrbuch, das einem bestimmten Bekenntnis verpflichtet wäre. Es stellt einen Versuch dar, auf eine Gesetzmäßigkeit des Christus-Erlebens in der Vergangenheit und in der Gegenwart hinzuweisen.»

Mario Betti

Mario Betti
Ein Weg zur Individualität Rudolf Steiners
156 Seiten, gebunden mit Schutzumschlag

Vielen Anthroposophen der ersten Generation gab das unmittelbare, persönliche Verhältnis, das sie zu Rudolf Steiner hatten, eine besondere Stoßkraft für ihr Wirken in der Kultur. Damals lebte und wirkte Rudolf Steiner durch sein Vorbild und seine Anregungen inspirierend und befeuernd.

Auch die anschließenden Generationen konnten noch von diesem Erbe zehren. Heute, in geänderter Zeitlage und fast hundert Jahren nach Steiners Tod, muss ein unmittelbares Verhältnis zur inspirierenden Gegenwart Rudolf Steiners auf anderem Wege gesucht werden. Für die schöpferische Gestaltung der Zivilisation aus den Quellen menschlicher Entwicklung ist es nicht unerheblich, welches Verhältnis zum Fortwirken der Individualität des Gründers der anthroposophisch orientierten Geisteswissenschaft gefunden werden kann. Hierzu möchte Mario Betti auf eine Vielzahl bislang noch nicht ausgeschöpfter Möglichkeiten hinweisen.